我身边的
核心价值观

上海市培育和践行
社会主义核心价值观
典型案例集

中共上海市委宣传部 ———— 编
上海市精神文明建设办公室

上海人民出版社

序　言

社会主义核心价值观是凝聚人心、汇聚民力的强大力量。2014 年 5 月，习近平总书记在上海考察时指出："上海一定要把培育和践行社会主义核心价值观工作做得更细、更实、更深入人心，努力在这方面走在全国前列。"习近平总书记的重要指示，为上海培育和践行社会主义核心价值观工作提供了根本遵循。

这些年来，上海认真贯彻落实习近平总书记关于社会主义核心价值观的重要论述和习近平总书记考察上海重要讲话精神，将培育和践行社会主义核心价值观作为主线，贯穿城市发展各领域，结合社会治理各方面，融入市民生活全过程。全市各区各部门各单位围绕中心工作、突出价值引领，汇聚优势资源、服务不同群体，开展了很多创造性的实践和创新性的探索，涌现了一大批品牌项目和特色案例，形成了许多好经验、好做法。

2023 年 12 月，市委宣传部、市精神文明办面向全市开展了培育和践行社会主义核心价值观典型案例征集推选活动。各区各条线积极推荐、踊跃报送，一项项生动实践、一个个鲜活案例跃入眼帘。我们聚焦先进性、时代性、代表性、示范性，围绕"教育引导、文化培育、实践养成、典型示范、制度保障"5 个方面，遴选了 112 个培育和践行社会主义核心价值观典型案例编纂成册，旨在通过案例梳理和结集出版，对上海社会主义核心价值观建设工作进行阶段性回顾，为全市各区、各领域持续大力培育和弘扬社会主义核心价值观，打造文化自信自强的上海样本、建设习近平文化思想最佳实践地，起到借鉴和示范作用。

有价值才能凝聚力量，有力量才能追寻梦想。让我们坚持不懈以习近平新时代中国特色社会主义思想凝心铸魂，以社会主义核心价值观齐心聚力，坚持知行合一、坚持行胜于言，持续推动社会主义核心价值观落细、落小、落实，为上海在推进中国式现代化中发挥龙头带动和示范引领作用，以中国式现代化全面推进中华民族伟大复兴作出新的更大贡献。

目　录

一　教育引导

二　文化培育

三　实践养成

四　典型示范

五　制度保障

一　教育引导

实施红色文化传承弘扬民心工程：
擦亮"党的诞生地"红色文化名片

中共上海市委宣传部

2020 年起，中共上海市委宣传部牵头实施"党的诞生地"红色文化传承弘扬民心工程，深入推进红色资源的发掘宣传和保护利用，打响上海红色文化品牌，擦亮"党的诞生地"红色名片。

一、加强全市红色资源保护利用的统筹规划

加强法治供给。颁布实施《上海市红色资源传承弘扬和保护利用条例》，与《上海市文物保护条例》《上海市历史风貌区和优秀历史建筑保护条例》等法律法规相衔接，共同构建完善全市红色资源传承弘扬和保护利用的地方立法体系。完善工作机制。建立市区两级红色资源保护利用工作联席会议机制，制定

中国共产党第一次全国代表大会纪念馆

印发《上海市红色资源传承弘扬和保护利用实施方案》《上海市红色资源认定标准》等制度文件。强化联动共建。建成"中国共产党一大·二大·四大纪念馆"国家 5A 级景区。组建中共一、二、四大场馆管理委员会，引领带动红色场馆在理论研究、场馆保护、展陈提升、旅游推广、人才队伍培养等方面的联动联建联育。

二、高质量推动全市红色资源的保护利用

做好资源挖掘梳理。坚持保护为主、抢救第一、合理利用、加强管理的原则，推动"一馆五址"为代表的一批重要旧址遗址的保护利用。市政府公布《上海市红色资源名录（第一批）》，包括重点旧址、遗址、纪念设施或者场所类红色资源共 612 处，重要档案、文献、手稿、声像资料和实物类红色资源共 236 件 / 套，并启动第二批红色资源普查试点调研。深化研究阐释。建好上海市中国共产党伟大建党精神研究中心、高校中国共产党伟大建党精神研究中心，举办"弘扬伟大建党精神奋进新时代新征程"研讨会，连续 7 年举办"中

《上海市红色资源传承弘扬和保护利用蓝皮书（2021—2022）》

国共产党的创建与上海"学术研讨会，实施"党的诞生地"主题出版工程。编印出版《上海市红色资源传承弘扬和保护利用蓝皮书（2021—2022）》。强化数字赋能。建好用好红色文化资源信息应用平台"红途"，至 2023 年底，平台累计注册用户数超 653万，汇聚精品课程、体验线路等学习资源 7423 项，点击量超 6.3 亿次。依托上海图书馆数据库，以首批红色资源名录为基础，整合规范"红途"平台、上海档案馆、中共一大纪念馆等已有数据资源，建成上海市红色资源联合目录数据库。

三、推进红色文化项目品牌打造

聚焦宣教传播。开展"光荣之城"2024 上海红色文化季。开展"红色印记"上海城市红色寻访活动。用好"党的诞生地"主题标识，推动红色文化进地铁、进公交，在红色资源集中的黄浦、静安等区建设"红色经典步行道"。

开展"奋进中国式现代化新征程"微宣讲大赛、"青春红途 向前一步"上海青少年红色大寻访、少年"红途"行等主题活动，为广大市民留住城市文化的红色记忆。聚焦铸魂育人。将红色现场教学点纳入本市干部教育培训功能建设，在全市新录用公务员初任培训中开展"传

"光荣之城"2024上海红色文化季
——"红色印记"上海城市红色寻访活动

承红色基因，锤炼思想品格"红色教育实践。将红色场馆纳入本市大中小学生校外实践名录，推出"红途学苑"百节大思政课、百场精品活动。聚焦合作交流。加强长三角区域红色资源联动，建立长三角区域党史工作联动合作机制，举办长三角党史论坛。用好长三角红色文化旅游区域联盟平台，举办长三角红色文化旅游论坛。联合三省档案部门，共同举办"书信家国 尺牍情深——弘扬伟大建党精神长三角档案联展"巡展推广活动等。

"初心讲堂"：在党的诞生地
打造党员教育的"红色殿堂"

中共上海市委组织部　中共上海市委宣传部

2021年起，上海贯彻落实习近平总书记关于"把丰富的红色资源作为主题教育的生动教材"等重要指示要求，坚持用习近平新时代中国特色社会主义思想凝心铸魂，坚持经常性教育和集中性教育、理论武装和实践运用、强党性和增本领相结合，由中共上海市委组织部、中共上海市委宣传部指导，以中共一大纪念馆、中共二大会址纪念馆、中共四大纪念馆为核心阵地，打造面向全市广大党员干部的"初心讲堂"党员理想信念教育品牌活动，探索形成了贯彻中央要求、体现上海特点、符合党员需求的全新教育载体。党员干部纷纷表示，"初心讲堂"让红色资源成为党员教育的"红色殿堂"，在"初心之地"听党课、悟初心，更能让党的创新理论和伟大建党精神深入人心、打动人心。

一、聚焦"讲什么"，突出主题主线，优化内容供给

紧紧围绕学习贯彻习近平新时代中国特色社会主义思想这一首要政治任务，聚焦用党的创新理论凝心铸魂，不断推动学习教育往深里走、往心里走、往实里走。将深入学习习近平总书记考察上海重要讲话精神作为核心内容，与深入学习《习近平在上海》《当好改革开放的排头兵——习近平上海足迹》等重要读本结合起来，开设学习《习近平著作选读》等课程，强化理论阐释，推动学深悟透。将传承弘扬伟大建党精神作为重要任务，突出讲好上海在党

"初心讲堂"党员理想信念教育品牌
发布仪式在中共一大纪念馆举行

的革命、建设、改革等不同历史时期的故事，更好赓续红色血脉、传承精神谱系。贯彻落实党纪学习教育要求，围绕学习领会习近平总书记关于全面加强党的纪律建设的重要论述、党章、《中国共产党纪律处分条例》等重点内容，推出12场专题党课。紧扣学习贯彻党的二十届三中全会精神，邀请社科名家，强化理论阐释，推出专题课程，作为基层党组织"三会一课"、主题党日及党员集中培训的重要内容供给。截至2024年8月15日，"初心讲堂"共举办85讲。

二、聚焦"在哪讲"，突出"初心之地"，发挥特色优势

充分体现中共一大、二大、四大在党史中的重要地位、重要作用，紧密结合三个场馆的特色优势开展党课活动，着力将革命旧址遗迹、红色系列展陈和历史场景模拟打造成为党课讲堂。中共一大标定着中国共产党的伟大起点，中共一大纪念馆聚焦百年党史，推出《百年大党的"青春密码"》

"初心讲堂"《打造"希望之城"——对话市第十二次党代会代表》以"三人谈"形式在中共四大纪念馆举行

《上海是伟大建党精神的孕育地》等精品课程，生动展现党的诞生历程。中共二大诞生了首部党章，中共二大会址纪念馆结合打卡活动，串联起周边如中共中央秘书处机关旧址、中共中央军委机关旧址等红色场馆，让党员干部在历史穿梭中加深感悟。中共四大首次确定党的基本组织，奠定了支部制度基础，明确党员三人以上需成立支部等，中共四大纪念馆创新采用"三人谈"形式，邀请专家学者、先进模范、基层党组织书记、党代表等，围绕党的建设、党史故事等进行对谈，引发党员干部深入思考，提升教育实效。

三、聚焦"怎么讲"，突出品牌引领，创新形式载体

切实发挥品牌活动的示范带动作用，坚持在出精品、求实效上下功夫，力

"初心讲堂"首讲课程现场演绎歌剧《晨钟》

求突破传统党课形式，打造具有现场感的党课活动。在采取专题讲座的基础上，创新打造沉浸式课程，现场演绎歌剧《晨钟》、交响乐《正道沧桑》、诗朗诵《力量之源信念永恒》等作品，并通过主创人员交流分享、讲述相关党史知识等方式，使党员深切感悟上海作为初心之地的使命荣光。注重仪式教育，将重温入党誓词作为每次课前的必备环节，结合开展"政治生日"、课后参观等活动，引导党员重温党的光辉历程、赓续红色精神。充分发挥上海"智慧党建""先锋上海"等信息化平台作用，开设专题专栏，推出在线预约、直播课堂、往期回看三项功能，扩大活动辐射面。打造共建共享资源库，以"初心讲堂"品牌为牵引，坚持党课开发、遴选、展示、宣讲一体化推进、全平台汇集，建设教育阵地、师资力量、课程教材、典型案例等"党员教育资源库"，依托全市各级党群服务阵地，推动优质资源一贯到底、直达基层。

点燃"数字化"新引擎
"红途"赋能红色资源保护利用机制创新

中共上海市委宣传部

2021 年 6 月 18 日,为庆祝中国共产党成立 100 周年,深入推进"党的诞生地"红色文化传承弘扬工程,进一步提升城市软实力,中共上海市委宣传部联合中宣部宣传舆情研究中心,会同市各有关单位,在全国率先推出上海红色文化资源信息应用平台"红途"。"红途"平台上线以来,坚持践行人民城市重要理念,通过红色场馆信息化集成、文旅活动智能化汇聚、工作成果数据化呈现,推进全市红色资源综合管理向科学化、精细化、智能化发展。

截至 2024 年 6 月,"红途"平台汇聚了全市 612 家革命遗址、旧址和纪念设施,171 家市级爱国主义教育基地、237 家新时代文明实践中心,累计推出全市精品展陈、讲座课程、学习线路、场馆活动等优质学习资源 7807 项,完成"三端两号一平台"(学习强国端、随申办端、微信小程序端及微信公众号、"红途"视频号,红途学苑平台)功能矩阵搭建,平台实名注册用户超 669 万,总点击量超 6.3 亿次。获评上海城市数字化转型典型案例、打响"上海文化"品牌最佳创新案例、首批长三角人文经济典型案例等。

"红途"平台三端界面示意图

一、搭建"数字平台"，实现红色文化资源协同治理

健全工作协同机制，"红途"平台着力健全红色资源管理机制，将市级责任单位、区级主管部门、基层场馆均纳入平台一体化管理，落实党委领导、部门协同、社会参与的工作机制，发挥部门、条块和馆际的联动优势，共同参与资源开发与共享共建。搭建智能化管理平台，形成"场馆信息全面可靠、活动资源动态可查，工作成果数据可视"的集成化管理功能，有力推进全市红色文化资源集约化管理、规模化发展，提升数字治理效能。

二、依托"数字力量"，挖掘红色文化资源内涵底蕴

摸清资源底数，梳理排摸全市红色革命旧址遗址、爱国主义教育基地等资源底数，在"光荣之城"模块实现全市红色资源点位分布"一览无遗"，场馆信息"一键获取"。资源数字转化，将原本分散式、碎片化的红色资源信息，通过数字化采集录入、建立资源信息库分类储存，有力实现资源整合、保护传承和分类利用。

三、激发"数字智慧"，盘活红色文化资源应用传播

实现红色文化资源展示数字化、活动常态化、课程信息化。依托平台数字基座，红色文化资源应用场景得以极大地丰富和拓展，通过"红色地图"叠加

联合文汇报拍摄"红色故事馆长说"系列红色文化短视频

"全景场馆""城市阅读线路"，智能集合行程规划、电子导航、活动在线预约、多媒体素材在线学习"一屏直达"。通过"红色故事·馆长说"创新红色文化多媒体传播。通过"红途学苑"搭建红色思政的社会大课堂。

四、形成"数字合力"，强化红色资源保护利用社会参与

中心枢纽、条线辐射。在市红色资源保护利用工作联席会议指导下，发挥红色资源枢纽平台作用，凝聚合力，共建共享。多元共治、价值共创。结合各条线教育思政、国防安全等重点宣传主题，开展专题活动策划，拓展红色文化资源内涵，打造数字化"大宣传"格局。

联合 B 站在江南造船博物馆
开展"红途探馆"直播活动

在全面打造文化自信自强的上海样本，全力建设习近平文化思想最佳实践地新征程上，"红途"平台将不负"党的诞生地"的荣光，坚持大力弘扬伟大建党精神，将积淀百年的红色基因注入当下的数字化城市生活，化资源优势为精神动能，在数字赋能红色资源保护利用机制创新上贡献新的力量。

共筑国之长城：打造上海全民国防教育品牌

中共上海市委宣传部

2023年起，市委宣传部切实担负起上海全民国防教育新职能，着力打造"共筑国之长城"全民国防教育品牌，办好"全民国防教育月"活动，举办全民国防教育主题展、全民国防教育日网络大直播等群众性活动，不断丰富宣讲演讲、答题竞赛、主题征文、军事夏令营等活动形式，在全市积极营造关心国防、热爱国防、建设国防、保卫国防的浓厚氛围。

一、强化政治责任，积极部署推进国防教育工作

将国防教育工作纳入全市社会宣传年度重点任务，对标中宣部国防教育工作要求，制定下发《上海全民国防教育年度工作要点》。明确"共筑国之长城"活动主题和品牌标识。每年5月27日，结合纪念上海解放，启动上海市全民国防教育主题系列活动。2023年9月，按照中宣部等11部委《关于组织开展

2024年上海市全民国防教育主题系列活动启动仪式现场

2023 年"全民国防教育月"活动的通知》要求，制定上海工作方案，部署基层宣讲、红色教育、国防教育进校园、军营开放、群众性宣传教育、网上宣传教育 6 方面活动，并纳入"强国复兴有我"群众性主题宣传教育活动整体安排，指导推动各区组织开展"全民国防教育月"系列活动。

二、发挥宣教优势，推动国防观念不断深入人心

引领全市用好各类资源和阵地，营造浓厚国防教育氛围。开展群众性主题宣教。举办上海全民国防教育知识竞赛，全市各街镇、大中小学校、企业、机关等积极参赛。举办"爱我国防"全市主题征文活动，累计收到来自学生、退伍老兵、军嫂等投稿

上海全民国防教育知识竞赛团队竞答社区组决赛

2230 篇。组织开展 10 场"感动上海"故事巡讲，广泛宣传"国防科工"先进典型事迹。推动国防教育走进校园。举办上海市未成年人修身励志讲堂暨"红途学院"国防教育专题大思政课。依托高校资源深化国防教育研究，成立全市大学生国防教育研究中心合作联盟。扩大国防教育网上传播。在全民国防教育日举办上海全民国防教育网络"大直播"，展示各区国防教育特色亮点，吸引350 余万人次观看。依托"学习强国"上海学习平台，举办 5 期上海全民国防教育知识线上答题，累计参与超 120 万人次。

三、凝聚军地合力，举办上海全民国防教育主题展

2023 年 9 月，会同上海警备区政治工作局等，共同举办"踔厉奋发强国防勇毅前行向复兴"上海全民国防教育主题展。通过近 400 幅图片、49 部专题视频等，展示党的十八大以来，在以习近平同志为核心的党中央坚强领导下，上海全面贯彻落实习近平强军思想，服务国防和军队现代化建设，深化全民国防教育工作的成果。推出青少年版讲解词，开设"红途学苑·国防教育讲堂"，推出 18 节国防教育主题课程、20 场国防教育体验活动，累计吸引参观团

"踔厉奋发强国防　勇毅前行向复兴"上海全民国防教育主题展

队 547 个，参观人数近 5 万人次。依托"红途"平台，打造"红途"平台展览线上专区，推出线上全景展馆，累计点击量 10.15 万人次。展览结束后，上线常规版和青少年版专题讲解课程，满足广大市民群众和学生继续参观学习的需求，让国防教育"永远没有下课铃"。

以青春之声传播理论之魂
以思想之火点燃强国之志
——上海交通大学"声入人心"理论宣讲团

中共上海市教育卫生工作委员会

上海交通大学"声入人心"理论宣讲团（以下简称"声入人心"）成立于2018年，以青春之声传播理论之魂，推动习近平新时代中国特色社会主义思想走进大众、深入人心。五年来，"声入人心"广泛深入基层累积开展宣讲活动600余场，时长超过30000分钟，受众人数达4万余人，覆盖25个省（市）。"声入人心"事迹先后获央视新闻联播、《光明日报》等平台报道，获评全国基层理论宣讲先进集体、"校长奖"等。

一、宣传新思想的理论轻骑兵：以学为先，凝聚思想共识

"声入人心"精心培训、选派成员参加上海市党的十九届六中全会精神宣讲志愿者工作。党的二十大胜利召开后，"声入人心"携手市委宣传部"红途"平台"红途学苑"板块精选32项"献礼二十大"系列课程面向社会各界发布。成立以来，宣讲团始终把宣传习近平新时代中国特色社会主义思想作为重中之重，通过生动鲜活的宣讲充分展现新思想的理论内容，争做宣传新理论、新思想的轻骑兵。

二、推动理论思维实践养成的探索者：以宣为基，传播红色声音

塑造以理论宣讲为纽带的育人实践共同体，打造"全场域、全过程、全方法"宣讲育人格局。建党百年之际，"声入人心"充分利用沪上红色资源，与中共一大纪念馆等单位开展全方位、立体

"青年话党史，声动树英模
——党史故事100讲"党史学习课程配图

式宣讲活动，推出"青年话党史，声动树英模——党史故事100讲"党史学习课程，系列课程受到"学习强国"学习平台和主流媒体关注。宣讲团代表获上海市"我们都是答卷人"党史知识竞赛总冠军。

三、推动"大思政课"建设的助攻手：以修为基，锤炼实践才干

"声入人心"坚持为大中小学思政课一体化建设赋能，与黄浦区教育党工委等共建共产主义学校，与黄浦区教育系统"师说"宣讲团共同录制师说电台微宣讲节目，广泛深入大中小学校园开展理论宣讲。2021年，牵头成立"交通大学青年宣讲团"，四地开展联合宣讲。2023年暑期，组建"讲好中国故事，凝聚青年力量——学习贯彻党的二十大精神上海交通大学学生宣讲专项实践团"，深入基层、深入行业，在实践中爱国立志，求真力行。

"声入人心"与华东师范大学、永德实验小学联合开展大中小学微宣讲活动

四、创新理论宣讲形式的探索者：以研为要，夯实理论根基

探索多样化宣讲模式，以"沉浸体验式"升华青年学生理论认知，以"专业性主题"深化企事业员工理论认识，在"浅入深出"的宣讲中提升基层群众理论素养。党的二十大胜利召开后，宣讲团认真组织多场选题指导会、专家辅导会、集体备课会，致力于更好宣传党的二十大精神，打造了一批精品宣讲

课程。

宣讲团在开展宣讲工作中获得了不少经验启示。

一是以真信真行为先，推动学习"先入己心"。宣讲团成员争做"真学、真懂、真信、真用"的排头兵，推动党的创新理论下沉到广大青年学生中。坚持做到以"信"为首要，让理论深入己心。做到"真信真行"，发出青年声音。

"声入人心"联合《解放日报》、上海音乐学院
开展深入学习贯彻习近平文化思想集体备课会

二是以青年力量为基，推动宣讲"落地生花"。宣讲团通过引导讲师练就理论宣讲的看家本领，激励讲师争做青年群体的榜样标杆。在开展宣讲的过程中，充分发挥各位讲师的引领作用，在青年中掀起理论学习的热潮。

三是以宣讲质量为要，推动理论"声入人心"。宣讲团注重把理论讲"活"、讲"透"、讲"实"，兼顾学习与思考、贯通理论与实践，讲出理论的现实解释力、科学指导性，从而阐明理论的深刻性、昭示理论的现实性。

"声入人心"全团合影

弘扬伟大建党精神
赓续上海金融红色血脉

中共上海市金融工作委员会

近年来，根据中央和市委统一部署要求，市金融工作党委坚持深入学习贯彻习近平新时代中国特色社会主义思想，针对金融系统党组织隶属关系多样等实际情况，坚持分类指导的同时，始终突出打好"内容"牌，充分挖掘党领导上海金融领域革命斗争和建设发展历史，通过汇演、展览、寻访、宣讲等不同方式，做优做活特色品牌活动，传承上海金融红色基因，赓续上海金融红色血脉，弘扬以伟大建党精神为源头的中国共产党人精神谱系。

一、打造红色金融主题党课

"永远跟党走　奋楫新时代"音乐情景党课

紧密结合庆祝中国共产党成立 100 周年，举办上海金融系统"永远跟党走　奋楫新时代"音乐情景党课。音乐情景党课以上海金融党史资料为基础，以情景话剧、大型舞蹈、合唱诵读等形式，分四个篇章精彩展现党领导上海金融沧桑巨变的历史过程，折射中国共产党百年来的波澜壮阔。40 家系统单位和市属金融机构的 677 名党员职工共同演绎上海金融人 100 年来始终听党话、跟党走、战风雨、创伟业的好传统、好故事、好典型，在线观看人次突破 12 万。

二、举办红色金融主题展览

深挖新中国成立前党领导下的红色金融事业从无到有、从小到大，砥砺奋进、可歌可泣的伟大历程，开设"信仰铸忠诚　永远跟党走——1921—1949 上海金融系统党的建设与革命斗争图片展"，以常设展、精选展、巡回展、线上展等多种形式，以搜集整理的 50 余万字史料和数百幅照片、近百件实物为基础，解码上海金融红色基因，还原金融战场上的峥嵘岁月，再现上海金融业党组织

信仰铸忠诚　永远跟党走——1921—1949 上海金融系统党的建设与革命斗争图片展

逐步壮大的光辉历史，通过红色金融工作者和革命先辈的故事，反映共产党人的信仰、勇气和智慧，累计线下参观人数 400 余个团队、3 万余人次。

三、守护红色金融薪火相传

记录上海金融业砥砺奋进的光辉历程，出品《从外滩到陆家嘴——上海金融改革 40 年》等当事人讲、奋斗者说的纪录片，拍摄《灿星如海》《百年百人讲百课》等党员教育电视片，广泛开展"青年理论大学习""心向党，新征程"红色地标打卡等活动，不断强化红色金融凝聚力、感召力、传播力、贯穿力，将上海金融系统党员紧紧凝聚在党旗下。聚焦上海金融系统特色，广泛开展"书香满金融"主题读书活动，积极营造爱读书、读经典、学党史的浓厚氛围，先后命名授牌两个批次、50 家"书香满金融"读书品牌项目。整合系统资源，厚植爱党深情，组建上海金融系统习近平新时代中国特色社会主义思想基层宣讲团，举办上海金融系统学习习近平新时代中国特色社会主义思想理论微课评比竞赛活动，牢记嘱托、砥砺奋进，提高本领、自觉行动，不断开创上海国际金融中心建设新局面。

上海金融系统"书香满金融"主题读书活动

共筑红三角　共绘同心圆

——携手推进长三角党史工作高质量一体化发展

中共上海市委党史研究室

长三角是一片有着光荣革命传统的红色土地。自长三角一体化发展上升为国家战略以来，上海市委党史研究室与苏浙皖党史部门深化协同合作，充分发挥长三角地区红色资源丰富的鲜明优势，连续举办长三角党史论坛，构建党史工作一体化合作机制，推出优质巡回展览，携手推进长三角党史工作高质量一体化发展。长三角区域党史工作一体化合作是深入贯彻落实习近平总书记关于红色资源重要论述和长三角一体化发展国家战略重要指示批示精神的有力举措，也是多措并举用好用活区域红色资源、凝聚党史工作高质量发展合力的生动实践。

一、坚守初心，长三角党史论坛启航"光荣之城"

以长三角党史论坛为契机，凝聚思想共识，把握历史主动，深化长三角党史工作协同合作。设立主干项目"长三角一体化党史论坛"。2022 年 8 月 23 日，首届长三角党史论坛在上海举办，市委领导与相关党史专家出席活动。2023 年

首届长三角党史论坛和第二届长三角党史论坛分别在上海、安徽举办

9 月 26—27 日，市委党史研究室推动第二届长三角党史论坛在安徽省宣城市落地。2024 年 9 月，第三届长三角党史论坛将在浙江举办。在主干项目下设立子项目。论坛主题由承办地结合实际确定，并在主干项目下设立 2—3 个子项目，如课题研究、人才培养、重大党史事件和重要党史人物纪念活动等。

二、勠力同心，一体化合作机制共绘"红色图谱"

在市委党史研究室推动下，沪苏浙皖党史部门签订《长三角区域党史工作一体化合作机制协议》。共建"一体化合作联盟"工作体系。市委党史研究室牵头制定《长三角区域一体化党史合作联盟工作方案》，推进长三角党史部门资源共享、信息共通、协同发展。共建"三级运作"合作机制。参照沪苏浙皖"三级运作、统分结合"的长三角一体化合作发展体制机制，沪苏浙皖四地党史部门建立决策层、协调层和执行层"三级运作"的区域合作机制，确立执委会—秘书长—联络员的机制框架。共建"线上＋线下"交流平台。搭建线上交流平台，采取"线上＋线下"同步办公的全覆盖工作形式，成立论坛会务、文字、联络等工作组，推动协商共解党史工作一体化建设中的问题，助推长三角党史工作一体化机制发展。

沪苏浙皖签署《长三角区域党史工作一体化合作机制协议》

三、服务民心，高质量巡回展览浸润"红色江南"

按照合作机制协议，四地党史部门积极整合长三角红色资源，实现区域内资源、信息和成果的互通共享。积极选送优质展览在长三角巡回展出。沪苏浙皖党史部门充分利用长三角党史论坛平台，创新展陈方式，联合推出"红色江南——长三角党史纪念地巡礼""中流砥柱——新四军在长三角地区的光辉足迹""这盛世如你所愿——陈延年、陈乔年烈士文物史料展"等优质展览在长三角区域巡回展出，放大党史宣教工作的传播面和影响力。合力打造长三角区域的红色IP。依托沪苏浙皖四地特有的优势红色资源，充分发挥党史以史鉴今、资政育人作用，聚焦红色"主基调"，合力打造长三角区域"红色江南"等党史品牌。构建长三角大党史格局。充分发挥区域合作机制优势，以丰富的党史研究理论和成果转化应用，凝聚长三角区域开启中国式现代化新征程的强大精神动力，努力建设区域党史工作高质量一体化发展的示范和样板，为更好服务长三角一体化发展国家战略贡献长三角区域党史力量。

"红色江南——长三角党史纪念地巡礼"在长三角地区巡展

传承红色基因　汲取奋进力量

——市国资委系统开展"红色文化进国企"系列活动

上海市国有资产监督管理委员会

　　近年来，上海市国资委党委为持续培育和践行社会主义核心价值观，引领广大干部职工从红色文化中汲取奋进力量，联合市委党史研究室、中共一大纪念馆、新民晚报社等共同举办"红色文化进国企"系列活动，将珍贵的文物和历史图片展览送进企业，创设了"政府部门＋主流媒体＋党史部门＋大型国企"为一体的红色资源传播新平台和新模式。活动先后走进16家市属国有企业，举办超过1650场次线上线下参观活动，吸引超过30万名企业干部职工、市民群众参与，取得了良好的反响。

一、融合红色文化，打造文化宣传主阵地

　　市国资委党委坚持党建引领，将百年党史与国资国企发展史、行业发展史和企业发展史相融合，采取馆藏精品巡展、专题宣讲授课以及现场参观等形式，将红色展览送到国企内部。几年下来，市国资委党委以"三化"不断推动活动走深走实，积累了大量实践经验：内容不断深化，实现了送展上门到结合企业实际共同打造展览的转变；形式不断多样化，实现了纯展览到展演结合的提升，使得红色文化更深入人心；受众不断扩大化，实现了从企业员工到社会大众的拓展。各个"家门口的红色展览"成为企业开展理想信念教育的生动课堂和实践基地，深受企业员工和社会公众的喜爱。

"红色文化进国企"线下展演活动

二、挖掘红色资源，塑造国企红色新名牌

市国资委党委在建党百年之际启动"红色文化进国企——上海市国资系统红色基因挖掘传播与开发"项目，面向市国资委系统企业和各区国资委征集红色资源。一大批红色资料和相关文章先后在主流媒体广泛传播，让上海国资国企的红色文化得到更为有效的推广，产生了更大的社会和经济效益，同时也有效促进社会主义核心价值观与企业实际相结合，凝聚了思想和行动共识。2022年和2023年，"红色文化进国企"项目连续两年入选上海"强国复兴有我"群众性主题宣传教育重点项目，2024年项目入选"光荣之城"2024上海红色文化季全市重点项目。

"红色文化进国企"之走进光明食品集团

三、激发红色引擎，构建学思践悟新载体

市国资委党委以"红色文化进国企"为抓手，动员企业开展"我是基层宣讲员"实践活动，进行讲解员培训和队伍组建，打造青年讲师团，让企业员工做红色精神的学习者、传播者、践行者和推动者。讲好党的创新理论，讲好高质量党建引领高质量发展的生动故事，使"红色文化进国企"活动真正成为理论学习的讲台、理论宣讲的舞台、青年成长的平台，进一步激发了广大国资国

企干部职工奋进新时代的精神力量，让习近平新时代中国特色社会主义思想在上海国企落地生根、开花结果。

市国资委党委将持续用好用足上海的红色文化资源，深入挖掘上海国资国企红色故事，将红色基因、国企党建、国企业务等融合，让社会主义核心

"红色文化进国企"之走进上海国际集团

价值观入脑入心，进一步激励国资国企广大党员干部和职工群众从中汲取奋进力量。

在寻访中传承红色基因　在实践中弘扬城市精神

——团市委持续擦亮"上海青少年红色大寻访"品牌

共青团上海市委员会

上海是党的诞生地、初心始发地和伟大建党精神孕育地。习近平总书记高度重视红色资源的保护、管理和运用，反复强调要把红色资源利用好、把红色传统发扬好、把红色基因传承好。2018 年起，团市委联合市委宣传部、市委党史研究室、市教卫工作党委、市教委、市文化旅游局等单位共同开展"党的诞生地"——上海青少年红色大寻访活动，通过不断深挖红色资源、创新活动形式、整合多方资源，用新模式、新形式、新思路对广大团员青少年进行思想政治引领，线上线下累计覆盖青少年超过 530 万人次。

一、注重分层分类，增强针对性育人实效

2023 年，团市委持续擦亮"上海青少年红色大寻访"这一实践育人品牌，分层分类开展活动，取得良好成效。针对少年儿童推出"青春红途　向前一步"上海青少年红色研学活动。聚焦以亲子活动推进家社共育、混龄队伍开展朋辈教育、校园引领丰富社会活动，通过社会招募和组织动员开展红色研学 20 场，吸引 16 个区的近千名青少年及 100 组家庭参与，校内二次宣传累计覆盖超万名青少年。针对广大青年推出"青春红途　向前一步"上海青少年红色大寻访活动，发布 10 条示范线路并在"红

2023 年 3 月，启动仪式现场发布首批"青春红途向前一步"上海青少年红色大寻访线路

途"平台上线，充分融入"骑行热""自拍风"等青年文化潮流，引领广大青少年主动走进红色场馆、学习红色文化。全市各级团组织开展寻访近4000场，大众点评"#青春红途#"话题获223.4万次围观。针对团员和青年推出"新思想在上海"上海团员和青年主题寻访活动，聚焦习近平总书记上海足迹、中国式现代化的上海实践、高质量发展在上海等主题，发布23条寻访路线，引领团员和青年更好感悟习近平新时代中国特色社会主义思想的源头活水。

二、强化互动体验，打造沉浸式深度参与

创新互动形式，以"沉浸"为主基调，在场馆红色资源上叠加解谜、桌游、竞速等青少年喜闻乐见的互动形式，融思想性、主题性和趣味性于一体，促进寻访活动的内容拓展与深度参与。聚焦深度体验，除串联点位外，同步发布与寻访线路主题相关的红色思政课、红色戏剧等信息，拓展多元化内容供给，增加青年沉浸式体验。

2023年3月，团员和青年参加上海青少年红色大寻访示范接力活动，在中共一大纪念馆完成"梦想起航的地方"线路打卡

三、善用平台载体，发挥全方位资源优势

以"红途"平台为载体，形成项目合力。项目充分发挥"红途"在红色资源领域的一站式特点，联动沪上各红色场馆串珠成链。同时上线示范线路专区并开通打卡功能，提升青少年参与感。以本地生活服务类平台为载体，提升品牌影响。与美团（上海）团委合作，在大众点评App开设"#青春红途#"主题页，邀请达人、大V等发布探馆笔记，分享寻访经验，让活动自带流量，吸引更多青少年参与。以身边环境为载体，做好"熟人宣传"。通过国旗下演讲、红领巾电视台等形式广泛开展校内传播，让参与者变成宣讲者，实现"一个参与者"到"N个见闻人"的效果。

2023 年 10 月，少年儿童参加"青春红途　向前一步"上海青少年红色研学活动国庆特别专场，在上海市青少年活动中心团旗广场参加升旗仪式

2024 年，团市委会同相关单位共同启动"光荣之城　青年行"上海青少年红色大寻访活动。作为"光荣之城"2024 上海红色文化季项目之一，本次活动将持续全年，点位涵盖红色文化季 8 个寻访主题、45 个红色场馆，以及团市委聚焦学习贯彻习近平总书记考察上海重要讲话精神推出的"一区一特色"16 条特色路线。

用好红色资源
推动浦东展览馆成为讲好浦东故事的主阵地

中共浦东新区区委宣传部

浦东开发开放是党领导下改革开放的重要标志和上海现代化建设的缩影，是党的历史的重要篇章。习近平总书记一直关心浦东开发开放。2020 年 11 月 12 日，习近平总书记出席浦东开发开放 30 周年庆祝大会并发表重要讲话，当天上午，习近平等还参观了"在国家战略的引领下——浦东开发开放 30 周年主题展"，这也是总书记第三次来到浦东展览馆。2021 年，浦东改革开放主题展馆获评全国爱国主义教育示范基地，实现浦东国家级基地"零的突破"。之后，浦东展览馆先后成为"浦东新区新时代文明实践点""浦东新区铸牢中华民族共同体意识教育实践基地""上海市民族团结进步教育基地""上海市'大思政课'实践教学基地"。2023 年 4 月，"在国家战略的引领下——浦东开发开放 30 周年主题展"更名为"在国家战略的引领下——浦东改革开放主题展"。

一、为上海建设习近平文化思想最佳实践地凝聚共识

在展陈设计上，浦东展览馆不断丰富表现手法、做实材料、创新参观方式。比如，增加习近平总书记对宣传思想文化工作的重要指示内容专版，为建设习近平文化思想最佳实践地广泛凝聚社会主义核心价值观的思想共识和行动共识；增加"做好新时代统一战线工作"专版，向走进主题展的参观者展示团结奋斗的时代主题，让更多市民铸牢中华民族共同体意识。

在国家战略的引领下——浦东改革开放主题展

二、把浦东展览馆建设成党的创新理论传播最佳展示地

浦东新区学习宣传贯彻党的二十大精神"双百大篷车"

展览馆统筹用好各类阵地资源，以浦东改革开放主题展为"大本营"，形成"1+N"宣传格局，打造浦东展览馆"1+N"讲解员团队，以青少年学生为主体，联动全区爱国主义教育基地，面向新的社会阶层人士、在校大学生、市场主体责任人、外宾等社会各界人士讲党的创新理论。2022年，浦东展览馆启动了学习宣传贯彻党的二十大精神"双百大篷车"配送活动，通过"大篷车"将思想文化大餐配送到浦东全新打造的"金融城会堂""科学城讲堂""青少年学堂""社区邻里厅堂""乡村特色课堂"，全面开展"五堂联动式宣讲"，在全区服务超1万场，惠及群众近百万人次。

三、把浦东展览馆建设成讲好党的故事最佳教育地

面向青少年，展览馆以"沿着总书记的足迹　看浦东开发开放30年　不忘初心　永远奋斗"为主题，为广大中小学生录制"浦东开学第一课"；以"红色浦东、硬核浦东"为主线，开展"十万少年看浦东"活动；以浦东展览馆为重要阵地，启动浦东新区党史学习教育主题班课，邀请中央宣讲团成员、中央党校原副校长李君如为浦东60名中学生代表和15位思政课老师代表开讲"党史学习教育主题班课"。面向参观团体，展览馆先后接待全国各省市党政代表团，尼泊尔驻拉萨总领事团，泰国、中东欧、非洲国家友城官员研修班，德国联邦议员代表团和西班牙中国友好协会等外宾团队。面向社会群众，展览馆成为"网红打卡地"，主题展中的"烂泥渡路""望江驿"置景，吸引很多年轻人驻足留念。

浦东新区青少年学生参观浦东改革开放主题展

全力推进"红色经典步道（黄浦）"常态化利用 在党的诞生地打造党员教育的"红色课堂"

中共黄浦区委宣传部

2021 年 6 月 25 日，"红色经典步道（黄浦）"落成，该步道全长 7.1 公里，串连起包括中共一大会址、中国共产党发起组成立地（《新青年》编辑部）旧址等 14 处红色地标。黄浦区委宣传部用心用情用力保护好、管理好、运用好红色资源，在忠实践行打造文化自信自强的上海样本、建设习近平文化思想最佳实践地的生动实践中，全力推进"红色经典步道（黄浦）"常态化利用，在党的诞生地打造党员教育的"红色课堂"。

一、立体宣传、科技赋能同向发力，打造红色文化"热力源"

黄浦区委宣传部围绕"红色经典步道（黄浦）"，推出党史学习、红色文化传播类相关内涵提升和社会宣传活动项目，在中央、市、区级媒体持续发布相关报道，通过图说、视频等多种形式，展现步道的设计理念、建设亮点，展示沿线红色场馆和红色点位并及时跟踪宣传报道。培育红色文化讲解队伍，吸引社会力量，以 City Walk 等形式，扩大红色经典步道及周边红色资源的宣传效应。开发"红色经典步道（黄浦）"配套 AR 导览小程序，运用虚拟增强现实功能导航抵达点位，增强畅游步道的趣味性和知识性。

红色经典步道周边导览图

二、红色场馆、文艺活动同频共振，打造红色文化"新图景"

"复兴·颂"黄浦红色文化体验空间内"红色之城"展陈，充分运用沉浸

参观"红色经典步道(黄浦)"红色场馆

式、互动式的数字展陈手段,介绍"红色经典步道(黄浦)",引导参观者前往相关红色点位追寻红色足迹。推出"红色口袋剧场"沉浸式演出项目,以中共一大会址为起点,在红色文化体验空间等点位分别现场表演,吸引市民游客驻足观看,取得了良好的社会反响。

三、顶层设计、实践探索多维融合,打造红色文化"强引擎"

通过区红色资源保护利用工作联席会议工作机制,部署《"党的诞生地"红色文化传承弘扬工程黄浦区三年行动计划(2023—2025年)》和红色经典步道的常态化利用工作。面向全区,联动长三角,组织开展"红色经典步道(黄浦)"寻访,开展长三角"C9第一方阵"机关党员共走"红色经典步道(黄浦)"等活动。

截至2024年5月,共有36个机关党组织、区域化党建单位、联组学习单位,126个党支部开展311场"红色经典步道(黄浦)"寻访活动,参与党员群众超过1万人次。到"红色经典步道(黄浦)"上党课已经成为黄浦党员学习的新常态,红色遗址遗迹成为党员教育的"红色课堂",在"红色经典步道(黄浦)"听党课、悟初心,让党的创新理论和伟大建党精神深入人心、打动人心。

长三角"C9第一方阵"机关党员共走"红色经典步道(黄浦)"

会讲故事的老党员　愚园路上的"历史书"

长宁区江苏路街道党工委

为深入学习宣传贯彻习近平新时代中国特色社会主义思想，讲好新时代愚园路故事，江苏路街道组建愚园路红色印迹宣讲团，积极推进党的创新理论进企业、进机关、进校园、进社区、进楼宇、进网络，引导广大党员干部群众筑牢思想根基，赓续红色基因。

一、把握资源优势，建强学习队伍

用好用活愚园路丰富的红色资源，开展理论宣讲和爱国主义教育、"四史"宣传教育。重传承，强化队伍建设。愚园路红色印迹宣讲团于 2016 年成立，起初仅 6 名成员，随着机关、事业单位青年职工、"两新"组织白领、在校学生纷纷加入志愿宣讲，宣讲团逐渐壮大为包含老、中、青、少各年龄层共 178

愚园路红色印迹宣讲团团长霍白正在讲解愚园路红色点位

人的队伍。深挖点，梳理红色线路。宣讲团成员整合中共中央上海局机关旧址、钱学森旧居、愚园路历史名人墙等红色点位，深挖生活工作在愚园路上的名人事迹，归纳总结出"红色印迹""民主印迹"等多条寻访路线。夯基础，加强培训备课。加强宣讲团的业务指导和实务培训，开展"初心愚园"青年成长营、愚园路红色印迹宣讲员培训班，搭建集展示、学习、交流于一体的平台，寻访愚园路红色印迹，引导成员切实统一思想和行动。

二、聚焦全面覆盖，开展宣讲宣传

近年来，愚园路红色印迹宣讲走遍大街小巷，走近各类群体。推动宣讲进社区。挖掘红色文化资源，开展"'两弹一星'精神"等主题宣讲。宣讲团主

愚园路第一小学学生在愚园路
历史名人墙担任"小小讲解员"

讲的"愚园路上的红色新生"情景党课，作为优秀微党课被选送到中组部。推动宣讲进楼宇。宣讲团组织开展特色学习宣讲活动，让"两新"组织党员坐得住、听得懂、易接受，努力让人人都能讲愚园路上的红色故事，人人都能做红色文化传播者。推动宣讲进校园。围绕"扣好人生第一粒扣子"，依托爱国主义教育基地，宣讲团深入学校，通过经典故事转换成道德、品德教育，助力青少年培养更高尚的人生观、价值观。46名愚园路第一小学学生担任"小小讲解员"，主讲"走进愚园路"课程，该课程入选了市教委首批"中国系列"课程，并多次被"学习强国"学习平台、《青年报》等平台和媒体宣传报道。

三、创新宣讲载体，赓续红色血脉

以需求为导向，积极创新宣讲方式，不断延伸宣讲触角、拓宽宣传载体。丰富宣讲形式。通过主题宣讲、口述历史、行走党课、音乐党课等形式，广泛宣传红色文化。创新绘制"愚园路上的红色印迹地图"，推出原创配乐朗诵《愚园路畅想曲》《祖国万岁》和歌曲《百年愚园路》等作品。打造宣讲品牌。聚焦"初心愚园"党建品牌，形成"愚园路红色寻访路线""行走中的党课"等一批学习教育特色品牌。推出"从初心到复兴"沉浸式党课，在历史阵地中演绎《布尔塞维克》编辑部旧址和钱学森矢志报国的故事。彰显宣讲实效。各级各类媒体平台宣传报道宣讲团风采，有力提升影响力。愚园路红色印迹宣讲团团长霍白深耕愚园路，积极参与志愿宣讲，获评全国最美志愿者、上海市基层理论宣讲先进个人。

"从初心到复兴"沉浸式党课现场

挖掘半马苏河红色工运资源
教育引领职工奋进新征程建功新时代

普陀区总工会

上海是党的诞生地、初心始发地、伟大建党精神孕育地。普陀区辖区内蜿蜒21公里的苏州河，是赤色沪西工运的红色血脉。普陀区总工会在市总工会的指导下，在区委的领导下，传承弘扬红色文化，深入挖掘沪西工人运动光荣革命史迹，以"半马苏河　工运记忆"为红色主线，多措并举开展工运史学习宣传活动，教育引领广大职工奋进新征程、建功新时代。

一、立足"一码"达各点，推进线上云学互动

区总工会开发上线了全市首个红色工运主题寻访小程序"半马苏河　工运记忆"，具备"观看视频、阅读历史、互动答题、点位集章"等功能，全景式开辟广大职工群众线上寻访新途径。区总工会联动系统和街镇、园区、楼宇等基层工会，广泛开展线上寻访，让红色寻访"码"上达，让红色文化成为职工思想政治引领的红色教材。

二、建设"一站"览全域，织密红色寻访地标

将红色工运点位集中导览与分点介绍串珠成链。以半马苏河驿站——长风

以长风湾党群服务中心为起始点，打造"半马苏河　工运记忆"集中导览区

湾党群服务中心为起始点，打造"半马苏河　工运记忆"集中导览区，让漫步苏河沿岸的市民能够轻松获取红色工运知识。建立完善"新时代职工半日学校"职工教育基地，以新打造的 21 个红色工运实体地标为寻访线，通过寻访、打卡、工运知识定向赛等活动，使其成为辐射长三角地区工运教育地标。

三、联动"一屏"成系列，放大学习资源聚合效应

《半马苏河　工运记忆｜赤色沪西工运地标寻访之旅》系列宣传片正式移交普陀区档案馆，成为区第一批红色工运档案

区总工会加大红色工运资源的挖掘和宣传工作，整理、拍摄、制作的 23 集《半马苏河　工运记忆｜赤色沪西工运地标寻访之旅》系列宣传片社会反响热烈。该系列片已正式移交普陀区档案馆，成为区第一批红色工运档案。区总工会将推进该系列片在普陀苏河党群驿站滚动播放，形成普陀区独有的"湾湾有故事"的半马苏河文化。

四、依托"一群"领路人，打响劳模示范引领品牌

以劳模"星光"赋能职工思想政治引领，结合劳模工匠进校园、劳模工匠助企行等项目，持续打响"劳模工匠耀苏河'五进'"服务品牌，发挥劳模先进在红色文化宣传方面的独特作用。打磨提升"半马苏河　工运之声"沉浸式主题宣讲，持续发挥劳模主讲人的带动效应，让红色工运故事进园区、进企业、进校园、进服务职工阵地，以红色力量鼓舞教育广大职工群众。

区总工会不断加大红色工运文化学习宣传力度，形成了"半马苏河　工运记忆"的学习宣传品牌。该系列宣传片在新华社客户端、"学习强国"学习平台等上线，浏览量近 500 万余次。2023年"半马苏河　工运之声"主题宣讲共开展 50 余场，服务 2 万余人次。同时，区总工会将"半马苏河　工运记忆"红色文化和劳模精神、劳动精神、工匠精神充分融入到职工书屋打造中，持续探索和积极发挥了职工书屋的更大潜能。

"半马苏河　工运之声"沉浸式主题宣讲

用好用活红色资源
打造"四大课堂" 传承红色基因

中共宝山区委宣传部

宝山区充分用好丰富的红色资源，着力将红色基因融入城市血脉、根植党员群众心中，推出"四大课堂"，凝聚起团结奋进的强大精神力量。

一、深化体验式的行走课堂

推出红色教育路线，打造讲得出故事、悟得到情怀、触得到灵魂的"行走课堂"。升级优化红色线路。挖掘整合上海解放纪念馆、上海战役月浦攻坚战纪念碑等本土红色资源，深化"逐浪、绽放、锤炼、激扬、奋进、筑垒、振兴"7条宝山红色线路。打造红色研学线路。以"筑梦、初心、振兴、文复"为主题，打造"半岛1919"等4条红色教学线路。以"红色＋科创""红色＋乡村振兴""红色＋非遗"为主题，形成6条红色文旅融合研学线路，在与红色经典的时空对话中传承红色基因。用好移动红色专线。用好宝山29路这条老百姓身边的"红色快线"，发挥"移动党课平台"作用，推动学习入脑、入心、入行。

"红途·宝山行"青少年国防教育线路寻访活动
走进"南京路上好八连"事迹展览馆

二、推出"菜单式"的精品课堂

做实学习载体，开发形式丰富、品质精良的精品课程。发布"菜单式"宣

宝山区组织开展红色故事宣讲员大赛

讲课程。集中推出一批宝山地方党史党建读本，开发 50 堂党史学习教育精品课程，推出 100 堂"学用新思想 奋进北转型"精品宣讲课程，精准"滴灌""靶向"供给。深化"烽火讲堂"宣讲品牌。邀请余子道、张云、忻平等专家学者组成宣讲团，设计 55 节课程，在上海解放纪念馆开设市民讲堂，打造看得到文物、听得到史实、感悟得到精神的红色文化宣讲品牌。开发"红途·宝山行"爱教基地大思政课。组织上海淞沪抗战纪念馆等爱教基地与同济大学、上海海事大学签约共建实践教学基地，推出"红途·宝山行"爱教基地大思政课 26 堂、特色活动 23 项、全民国防教育宣讲课 20 堂，送进 12 个街镇的爱心寒暑托班课堂。

三、丰富灵活式的空中课堂

突出科创元素，综合运用多种新媒体手段追寻红色足迹。开发融媒体作品。在区级各新媒体平台，集中推出"奋斗百年路 启航新征程""百年风华 初心如磐"专题报道，讲述公大酱园、渔行里的"小老大"等宝山红色故事。打造"红色对话·宝山"全媒体微党课。区融媒体中心、区委党校联合推出的《以党之名》10 集线上微党课，以第一人称讲述宝山红色故事，演绎主人公真实情感。搭建线上学习资源平台。创设"宝山学习"微信公众号，上线"一起讲一起学""我是小先生 我在宝山"优秀微宣讲视频作品。统筹"学习强国"学习平

宝山区庆祝建党 100 周年情景党课

台、"宝山汇"App 等线上平台，搭建立体化、多层次、有宝山特色的学习教育渠道。

四、办活多样式的身边课堂

用活红色资源，搞活教育形式，组织形式多样的"身边课堂"。开展"百姓百艺同庆百年盛典"系列文化活动。推出百个红色文化符号评选、百个红色记忆摄影展、百个红色文化故事征文、百名红色故事宣讲员大赛、

上海淞沪抗战纪念馆思政"红"课堂走进校园

百封红色家书诵读等十项系列活动。探索基层学习教育品牌。擦亮"一街镇一特色"红色名片，淞南镇推出"红色逐迹"党史学习教育项目；友谊路街道驶出"红色大篷车"；吴淞街道绘制吴淞"红色地图"，打造系统化、整体化、接地气的红色教育载体。做实上海淞沪抗战纪念馆思政"红"课堂项目。淞沪馆面向广大市民推出思政"红"课堂项目，每年推送近百堂红色思政课进基层和校园，搭建红色文化传播平台。

精心打造"同宇"思政品牌
助推红色精神落地生根

中共闵行区马桥镇委员会

2021 年以来，闵行区马桥镇聚焦本土革命烈士——"马桥之子"严同宇的红色故事及其中蕴含的红色精神，精心培育、系统打造"同宇"思政品牌，着力推动同宇故事家喻户晓、同宇阵地遍地开花、同宇精神后继有人，彰显人民城市鲜明底色。

一、着眼于"有形化呈现"，打造"同宇"思政教材

归葬立像，告慰英烈忠魂。在闵行区委宣传部和相关职能部门的指导帮助下，推动严同宇烈士归葬闵行烈士陵园；精心选址，在马桥公园立严同宇烈士手挥传单的全身纪念像。深度创编，打造红色话剧。创作红色多媒体剧《跨越时空的对话》、情景式表演《青春之歌》、沉浸式朗诵《魂系北松公路》，在此基础上，历时 10 个月打造原创红色话剧《严同宇》，深入挖掘红色资源背后的红色故事，彰显红色故事蕴含的红色基因，使之成为感人至深的红色文化思政教材。

原创红色话剧《严同宇》

二、立足于"个性化延伸"，拓展"同宇"思政课堂

启动"同宇学堂"。2023 年 7 月，马桥镇"同宇学堂"品牌项目正式启动，旨在通过不同载体忆同宇事迹、讲同宇故事、学同宇精神。推出沉浸式"同宇围读"项目，引导观众以欣赏、学习、互动、分角色诵读的方式体会红色精神；打造"同宇放映室"，每周六开展"红色放

马桥镇"同宇放映室"

映"专场；开展"同宇屋里厢"家风故事宣讲。特聘"同宇讲师"。其中有严同宇烈士的后人，有来自马桥人工智能试验区的科创青年，有来自烈士母校的校友，通过忆同宇、话同宇、学同宇，传承红色基因，弘扬革命精神。

三、聚焦于"多样化融入"，丰富"同宇"思政形式

开展校园"大学习大讨论"活动。将红色文化宣传教育作为镇域内中学生"开学必修课"，每年面向校园开展"我心中的严同宇"大学习大讨论活动。通过观摩话剧、撰写体会，开展红色宣讲、剧目演绎等活动，不断激发时代新人

马桥镇中小学生"清明祭英烈"活动

奋进力量。开辟"同宇"主题寻访路线。以"走近'马桥之子'严同宇"为红色路线主题，通过瞻仰烈士归葬地和烈士纪念地，缅怀革命先烈；通过探访烈士出生地，与烈士后人共同深情追忆；通过参观主题展览，铭记先烈遗志，激发深厚情感。

四、致力于"多元化链接"，拓宽"同宇"思政路径

《严同宇》连环画

以共建奏响红色之音。严同宇烈士曾经工作和战斗过的商务印书馆，是穿越百年的红色文化先驱阵地。在"同宇"思政品牌打造过程中，闵行区委宣传部积极推动马桥镇携手商务印书馆上海分馆，通过开展"赤子丹心 燃情思政"文化共建，奏响穿越历史、辉映未来的红色之音。以非遗演绎红色精神。发挥马桥作为"沪剧之乡"的优势，联合上海话剧院将严同宇烈士事迹以沪剧的形式搬上舞台，携手海派连环画传承馆，以连环画的形式推动同宇思政乡音绕耳、同宇故事深入人心。

打造"云间理堂"传播矩阵
提升"理在心中"宣讲实效

中共松江区委宣传部

近年来，松江区坚持把学习宣传贯彻习近平新时代中国特色社会主义思想作为首要政治任务，坚持用马克思主义中国化时代化最新理论成果武装头脑、指导实践、推动工作，积极探索具有松江地域特点特色的新时代党的创新理论大众化传播的有效载体和传播方式，推出"云间理堂"这一具有松江域名属性的"松"字品牌（松江，古称云间），着力打造学理论讲理论线上线下公共空间，让党的创新理论传遍松江城乡每一个角落。

一、加强顶层设计，让理论宣讲有"制"更善"治"

松江区委宣传部按照中央、市委工作部署要求，结合学习贯彻党的二十大精神、学习贯彻习近平新时代中国特色社会主义思想主题教育、学习贯彻习近平总书记考察上海重要讲话精神、党史学习教育、党纪学习教育等，扎根松江实际，制定《松江区深化理论武装，持续推动习近平新时代中国特色社会主义思想入脑入心、落地生根的实施意见》《关于推进"云间理堂"建设的实施意见》《关于持续推进党的创新理论大众化传播的实施意见》等文件，以"云间理堂"为载体，着力打造各领域多主体参与的理论宣讲矩阵，确保理论宣讲工作常态化、规范化、制度化开展。

2023 年 3 月，松江区召开深化学习贯彻党的二十大精神宣讲工作暨"云间理堂"建设研讨会

二、加强品牌培育，让理论宣讲走"心"更出"新"

"松江三人行"理论宣讲小分队走进车间，
场景式开展党的二十大精神宣讲

在"云间理堂"的聚合效应下，松江逐步形成了特点鲜明、丰富多元的理论宣讲品牌。以1923年冬松江第一名共产党员侯绍裘陪同恽代英、罗章龙在松江传播马克思主义的典故，打造"松江三人行"理论宣讲品牌。突出青年学理论讲理论，推出"青年说"新媒体宣讲载体。发挥松江大学城和国防大学政治学院松江校区等驻松高校、军校资源优势及松江本土宣讲骨干作用，推出"思政讲习堂""国政讲习堂""云间讲习堂"理论宣讲品牌系列。同时积极培育各地区各系统基层特色宣讲团队，如新浜茶馆课堂、小昆山板凳课堂、老兵宣讲团等，多点发力、全面开花。

三、加强手段创新，让理论宣讲互"联"更多"链"

开展组团式宣讲，组织开展学习贯彻党的二十大精神新春走基层大巡讲、"云间理堂 理在心中"新春走基层大巡讲暨驻松高校大学生"行走的思政课"理论宣讲走基层社会实践等活动，以组团式巡回宣讲方式，满足基层多样化的宣讲需求。开展叠加式宣讲，推出"宣讲＋动画""宣讲＋文艺""宣讲＋节日""宣讲＋服务"等群众喜闻乐见的宣讲形式，推动党的创新理论"飞入寻常百姓家"。开展场景式宣讲，命名首批12家"云间理堂、理在心中"主题研学基地，通过一个特色主题、一次

2023年11月，在"云间理堂 理在心中"主题研学基地发布仪式上，"牢记殷殷嘱托 矢志接续奋斗——'新时代党的创新理论松江生动实践·大家谈'"活动开展

实地研学、一场现场理论宣讲，实现边走边观、边观边听、边听边学、边学边悟的沉浸式理论学习体验，全面打造家门口的理论学习"加油站"。

四、加强队伍建设，让理论宣讲变"大"更通"达"

结合学习贯彻习近平新时代中国特色社会主义思想主题教育和党纪学习教育，在全区范围内组织开展"新时代党的创新理论松江生动实践·大家谈"活动，广泛动员党员领导干部、学校教师、文艺工作者、先进典型、离退休老同志、青年骨干、优秀人才、网络达人等，通过你谈我谈大家谈的方式，讲好讲活在党的创新理论引领下松江创新发展的生动实践鲜活故事，着力把党的创新理论转化为推动"科创、人文、生态"现代化新松江高质量发展的强大动力，在新时代新征程上奋力创造新奇迹、不断展现新气象。

2023 年 7 月，在 G60 科创云廊体验馆举行
"新时代党的创新理论松江生动实践·大家谈"
首场专场——科创专场活动

让伟大精神沁润祖国大地：
打造"伟大精神铸就伟大时代——中国共产党伟大建党精神"专题展及巡展

中共一大纪念馆

2021年7月1日，习近平总书记在庆祝中国共产党成立100周年大会上的讲话中，首次提出并阐述了伟大建党精神的深刻内涵和重大意义。为深入学习贯彻习近平新时代中国特色社会主义思想，弘扬伟大建党精神，中共一大纪念馆在2022年推出全国首个以"伟大建党精神"为主题的大型特展"伟大精神铸就伟大时代——中国共产党伟大建党精神"专题展及巡展。该展入选了国家文物局2022年度"弘扬中华优秀传统文化、培育社会主义核心价值观"主题展览征集重点推介项目前20名单。

"伟大精神铸就伟大时代——中国共产党伟大建党精神"专题展

一、精心打造有影响力和创新性的精品展览

精心锚定展览主题。2022年1月，"伟大精神铸就伟大时代——中国共产

党伟大建党精神"专题展正式开展，展览串联起首批纳入中国共产党人精神谱系的伟大精神，紧紧围绕"伟大建党精神"这一主题进行设计。精心设计展览内容。展览通过五个部分、170件（套）文物文献、多类创意展

展览场景

项和互动体验模式，以共情式表达手法传递伟大建党精神的内涵和实质，展示在伟大建党精神引领下党和人民的百年奋斗历程。精心打造数字化展览平台。该展览精心配套了线上云展，通过360°全景技术还原展厅实景，方便观众随时随地云看展。专题展开展后引发广大干部群众的观展热潮并受到社会各界一致好评。

二、全力推动展览的高质量巡展和多领域覆盖

立足全国开展活动。2022年2月，全国巡展正式启动，短短数月时间就走向北京、新疆、江西、江苏、广东等地，在较短时间突破性实现了跨地域多场次覆盖。不断扩充展览形式。为拓展覆盖面、提升便捷度，利用图文介绍、文物陈列、场景还原、多媒体影映、互动展项等设计了大型专题展、中型常规展、小型车载流动展等多种展览形式。多样化融入特色内容。在高校展出时，

在福建三明展览期间，开展"红色故事少年讲"活动，根植红色信仰，传承红色基因

2023年7月1日，展览以常设展形式，在新疆喀什巴楚县开展

展览将思政课程内容融入，凸显思政小课堂和社会大课堂的一体化建设成果；在新疆喀什、青海果洛等上海援建地区以常设展览展出时，突出民族特色和援建工作成果，呈现以伟大建党精神为源头的中国共产党人精神谱系所带来的雄厚伟力；在各市镇文博场馆展出时，深入挖掘当地红色文化资源和感人故事，针对性地融入当地红色元素。

三、聚焦时代主题，争创各项佳绩

2024年，展览再度出发，先后前往上海松江、陕西照金等地，把巡展工作不断走深走实。截至5月底，已成功举办292场，覆盖全国23个省市，接待观众413万人次，成为全国各地党员群众开展学习的生动载体。同时，下半年展览将前往湖南、四川等地，让伟大建党精神继续发扬光大。

使命如炬，初心如磐，中共一大纪念馆将学习贯彻习近平文化思想和习近平总书记考察上海重要讲话精神，大力弘扬伟大建党精神，为打造文化自信自强的上海样本，建设习近平文化思想最佳实践地，贡献一大力量。

以党章学习流动教室为载体
构建多元党史宣传阵地

中共静安区委宣传部　中共二大会址纪念馆

习近平总书记指出："党章就是党的根本大法，是全党必须遵循的总规矩。""学习党章是全体党员的基本功，这个功课要经常做。"

作为首部党章诞生地，中共二大会址纪念馆牢牢把握红色宣传教育的总要求，积极探索、创新学习方式，通过"永远的旗帜——党章学习流动教室"品牌项目，深入开展党章学习教育，引导广大党员自觉学习党章、遵守党章、贯彻党章、维护党章的生动实践。

"永远的旗帜——党章学习流动教室"展示内容以中国共产党历部党章形成的时间为顺序，运用珍贵的历史图片、简明的史料介绍和党章原文摘录等表现形式，介绍党章的历史发展和基本知识，展示中国共产党思想、理论和政治路线的发展轨迹，反映中国革命、建设和改革事业的历史进程。本项目主要有以下两个特点：

"永远的旗帜——党章学习流动教室"华东政法大学站

一、联动合作，创新项目学习教育模式

"永远的旗帜——党章学习流动教室"品牌项目在运作模式上展现了高度的创新性和实效性，它充分利用全国的红色场馆资源，通过进机关、学校、社区、军营等，形成广泛的联动效应，并采用"1+X"的形式，将展览与讲座、巡演等多种活动形式相结合，有效地提升了项目的影响力和教育效果。

与此同时，该项目以党章学习为契机，形成一处流动教室、一支志愿宣讲队伍的格局，不仅强化了"明灯"志愿者服务团队的凝聚力，也进一步提升了纪念馆作为全国爱国主义教育示范基地的辐射力和影响力。通过沉浸式学习、互动式学习、体验式学习，不断加强党的创新理论武装，引导广大党员干部争当学习党章、遵守党章的模范。

"永远的旗帜——党章学习流动教室"大宁国际学校站

"永远的旗帜——党章学习流动教室"品牌项目，作为上海市"强国复兴有我"群众性主题宣传教育活动的重要项目之一，相继在华东政法大学、金茂商业上海生活时尚中心、上海公安学院、中国商飞上海飞机设计研究院、上海市第六十中学、彭浦新村街道等成功举办，截至 2024 年 6 月，累计接待 1700 余批次的参观团队，参观人数达到 70000 余人次，受到了社会广泛关注和好评。

二、交流办展，搭建红色文化共享桥梁

以项目为依托，通过交流展览的形式，中共二大会址纪念馆与三明市博物馆携手合作，共同呈现了一系列精彩纷呈的展览活动，实现了两地博物馆资源的共享。2023 年 7 月，"永远的旗帜——党章学习流动教室"走进三明市博物馆，让当地观众深入了解党章的历史和内涵。2023 年 8 月，"风展红旗如画——

走进中央苏区三明图片展"在纪念馆专题展厅开展，通过图片的形式生动展现了中央苏区时期的革命历史。此次活动，不仅是对习近平总书记关于革命老区振兴发展的重要指示批示的深入贯彻落实，更是沪明两地在宣传领域展开对口合作的有力推进。它以红色文化为载体，

"永远的旗帜——党章学习流动教室"走进三明市博物馆

以培育和践行社会主义核心价值观为目标，为两地的文化交流搭建起了一座坚实的桥梁。

今后，中共二大会址纪念馆将持续深化与各级机关、企事业单位等的多维度合作，进一步整合和联动全国的红色场馆资源，让"永远的旗帜——党章学习流动教室"品牌项目成为培育和践行社会主义核心价值观的重要载体，让初心薪火相传，把使命永担在肩。

打造"上海市革命遗址旧址纪念设施"
元宇宙场景展区

中共虹口区委宣传部　中共四大纪念馆

中共四大纪念馆

习近平总书记在上海考察时指出，上海是我们党的诞生地，要用好一大会址等红色资源，弘扬伟大建党精神，教育引导广大党员、干部牢记"三个务必"，在新征程上开拓创新、奋发进取、真抓实干。为深入学习贯彻党的二十大精神，切实把思想和行动统一到习近平总书记考察上海重要讲话精神上来，持续推进"党的诞生地"发掘宣传工程，中共四大纪念馆以数字赋能新模式打造新时代红色场馆，为党员干部群众提供数字化、互动型、沉浸式的教育阵地。

中共四大纪念馆坚持守正创新，运用数字技术推动红色文化的传承与发展，打造全国首个红色文化元宇宙展区，梳理完善全市 612 处革命遗址旧址详细信息，把公园的小道作为探索、展示的空间，通过 AR 技术实现工农联盟数字人引导、公园内实时定位、路径规划及实景导航、悬浮地图、呼吸点位、图文版面的数字展区等一系列功能。以虚拟现实相结合的方式，将红色文化融入纪念馆周边环境，让大众游览和获取知识的体验变得更生动、有趣、易得，也为优化策展规划、路线规划及互动选择提供真实强大的数据洞察。元宇宙项目发布以来，纪念馆累计服务党员干部群众 50 余万人次，其中 35 岁以下青年占比约 65%，有效提升了展区的宣传力、影响力和品牌价值。

一、发挥优势，做实资源整合

馆藏数字化是红色资源保护利用的大势所趋。纪念馆积极发挥"大平台"作用，联动各方整合资源，通过数字化手段实现红色文化资源的存储、传播与利用，有效提高红色文化资源的利用率。建设红色资源数据库，实现红色文化资源的统一管理、检索和展示，提高文物传播效率、提升藏品文化价值。

二、勠力探索，做好陈列拓展

展陈数字化是红色文化创新表达的重要方式，为红色文化的传播和推广提供了新的手段和平台。纪念馆以"服务、创新、融合"为理念，充分利用好公园的广阔空间，通过 AR、三维地图重建、空间感知计算、"元宇宙"等技术手段，呈现海量的史料文献、图片、音频、视频等红色文化资源。通过将数字化、新媒体与红色文化、革命历史相融合，打造沉浸式的展陈氛围，以自主探索、主题党课、打卡收集等多种形式，让更多人了解和感受红色文化的魅力。

三、守正创新，扩大宣传形式

宣教数字化是红色文化历久弥新的时代要求。通过数字化手段，可以吸引更多青年了解红色文化，提高教育的效率和质量。以元宇宙场景作为重要一环，打造"元宇宙"大思政课，引导广大青少年做好红色文化的坚定传承者、生动诠释者和精彩讲述者，让青少年完成从"听讲者"到"讲述者"的转变。

中共四大纪念馆元宇宙展区界面

中共四大纪念馆 AR 导航

牢记嘱托扬精神　薪火相传创伟业

——上海市新四军历史研究会弘扬伟大建党精神，讲好红色故事

上海市新四军历史研究会

新四军老战士是我们党百年奋斗的参与者和见证人，是伟大建党精神和铁军精神的践行者和弘扬者，是铭记初心使命，传承红色基因的先进典型。2021年2月18日，习近平总书记给上海市新四军历史研究会百岁老战士们回信，深切勉励老战士"结合自身革命经历多讲讲中国共产党的故事、党的光荣传统和优良作风，引导广大党员特别是青年一代不忘初心、牢记使命、坚定信仰、勇敢斗争，为新时代全面建设社会主义现代化国家而不懈奋斗"。

为贯彻落实好习近平总书记重要回信精神，聚焦立德树人，传承红色基因，上海市新四军历史研究会发挥自身优势，注重协同联动，聚焦精神传承，精心筹划了以讲好红色故事为主题、以"校家社联动"为途径、以人民军队的光辉战斗历程和革命先烈的光辉事迹为主要内容的一系列主题活动，充分用好红色资源，讲好红色故事，大力弘扬以伟大建党精神为源头的中国共产党人精神谱系。

一、发挥自身优势，组建宣讲团"深入讲"

上海市新四军历史研究会专家颜宁、陈晓光为复旦大学学生讲课

多年来，上海市新四军历史研究会结合自身老干部、老战士、老专家、老教师、老模范多的特点，组织铁军宣讲团，深入学校、部队、机关、企业、街道社区等单位，开展党史宣传教育。施平、程亚西、王湘、顾海楼、徐克、黎鲁、黎明、虞鸣非

等百岁老战士，不顾年迈体弱，接受了上百批（次）记者采访和各界人士的拜访，介绍革命斗争经历。2021年以来，上海市新四军历史研究会先后组织宣讲、授课、报告会1380场次，听众13.8万余人次。百岁老战士群体被评为"光荣与力量——2021感动上海年度人物"。

二、注重协同联动，携手共建单位"共同讲"

上海市新四军历史研究会先后与67个学校、部队、街道、企业等单位签订协议书，建立共建关系，大力宣传社会主义核心价值观。共建工作以大中小学为主阵地、青少年为主要对象、抓好以理想信念为重点的主题教育。研究会老同志当好革命历史讲解员、优良传统宣传员、思想教育辅导员，播撒"红色种子"，传承革命精神，为培育社会主义核心价值观服务。研究会还与共建单位共同学习习近平总书记回信，围绕"伟大建党精神与新四军铁军精神""新四军与上海"等专题开展学习研讨，其中"红色故事我来讲"主题活动入围市社联上海市第21届科普活动周特色项目。

上海市新四军历史研究会与国防大学政治学院联合召开学习贯彻习近平总书记回信两周年座谈会

三、聚焦精神传承，引领青少年"接续讲"

上海市新四军历史研究会先后在徐汇区、长宁区等全市多所中小学校开展了"红色故事我来讲"主题活动，活动创新"校家社联动"的德育机制，以学

在"红色故事我来讲"启动仪式上，
新四军老战士向少年儿童赠送红色书籍

校为单位组建团队，由学校老师牵头、上海市新四军历史研究会联络员协助，辅导员由红色故事创作相关人、学校关工组成员和家长代表组成，学生团队按照分工进行撰稿、讲演等，取得了显著成效。为进一步扩大受教育面，2024年初，研究会又与上海市教委联手，在全市16个区的中小学推广此项活动，继续深入在全市青少年群体中开展党史教育，把红色基因传承好、把红色资源利用好、把红色传统发扬好。

开发红色研学课程 全面践行人民城市重要理念

杨浦滨江人民城市建设规划展示馆

2019 年 11 月 2 日，习近平总书记在杨浦滨江考察时鲜明提出"人民城市人民建，人民城市为人民"重要理念，为上海城市发展提供了根本遵循和行动指南。为全面展示杨浦牢记习近平总书记指示要求，贯彻上海市委、市政府关于人民城市建设部署的生动实践，2020 年 11 月 2 日，在习近平总书记考察一周年之际，杨浦滨江人民城市建设规划展示馆应运而生（以下简称"展示馆"）。展示馆展陈面积 1410 平方米，全面呈现人民城市理念的发展概述、理论渊源、丰富内涵与时代价值，人民城市理念的上海实践以及杨浦滨江的过去、现在与未来，是一个集历史记忆、理论学习、宣传教育、交流互动等功能于一体的高品质公共开放空间。

一、依托红色阵地优势，搭建特色交流平台

作为党的十八大以来形成的红色点位，展示馆"思想引领高地、宣传展示阵地、干部教育基地"的功能作用与日彰显，业已成为上海乃至全国展示"全面践行人民城市理念"的重要窗口，成为唱响新时代红色主旋律的前沿阵地。截至 2024 年 6 月，共接待省部级单位团队 91 个，基层党组织 7100 余个，参观人数达 82 万余人次。作为中国浦东干部学院及中共上海市委党校现场教学基地、上海市爱国主义教育基地，共接待中浦院省部班 4 个，市委党校及区委党校培训班 50 余个，本市市级单位及外地相关培训班 100 余个。

杨浦滨江人民城市建设规划展示馆内四排书架

二、强化思想引领功能，打造思政教育品牌

立足"人民城市理念首提地"——杨浦滨江的区位优势，杨浦滨江人民城市建设规划展示馆先后与上海体育大学、东华大学、上海外国语大学、上海理工大学、复旦大学中文系等高校和院系联动建立实践教学基地，为学生开展

复旦大学"强国之路"大思政课

"大思政课"10余场，依托杨浦"百年高校"丰厚底蕴，将杨浦滨江红色教育特色资源融入思政课教育教学，打通学校与社会的教育屏障，实现"大思政课"的时空场域拓展和教育模式变革。持续发挥展示馆思想引领作用，积极打造展示馆思政教育课程品牌效应。

三、活化滨江红色资源，开发红色研学线路

为充分发挥杨浦滨江的红色资源优势，展示馆与其余杨浦滨江公共空间，包括目前已开放的9个滨江党群服务站积极沟通协同，精心打造多条红色滨江研学线路，实现杨浦滨江南段5.5公里沿线各站点参访交流活动的全覆盖。以理论与实践相结合的模式实施现场教学活动，全方位搭建集理论研究、活动交流、教育学习为一体的"红色研学平台"。

作为承载着习近平总书记对上海殷殷嘱托和杨浦滨江百年工业厚重历史的场馆，展示馆致力于践行人民城市理念，汲取百年奋斗之伟力，充分挖掘和利用红色资源，为广大青少年构筑起更加丰富的研学平台。

上海外国语大学马克思主义学院
在杨浦滨江开展红色研学活动

牢记嘱托　星火相传

——复旦大学《共产党宣言》展示馆党员志愿服务队传播践行社会主义核心价值观

复旦大学《共产党宣言》展示馆党员志愿服务队

　　陈望道是《共产党宣言》首个中文全译本的译者，也是新中国成立后复旦大学首任校长。2018年5月，复旦大学将修缮后的老校长旧居辟建为《共产党宣言》展示馆，之后一批师生自发组建"星火"党员志愿服务队（以下简称"星火"队），面向海内外参观者开展宣讲活动，积极传播党的创新理论，累计覆盖11万余人次。2020年6月，"星火"队师生向习近平总书记写信，表达了做《共产党宣言》精神忠实传人的信心决心，6月27日，习近平总书记给"星火"队全体师生回信，嘱托他们："心有所信，方能行远"。

"星火"队集体学习回信

一、以立德树人为魂，高起点定位使命方向

　　"星火"队坚持把"立德树人"作为核心任务和使命方向，确保学生理论宣讲社团育人功能的有效发挥。"星火"队通过开展理论学习、技能培训、工作锻炼、调研考察等，培养具有高质量宣讲能力的理论传播者、能做扎实研究的理论研究者、素质过硬志愿奉献的理论实践者。"星火"队强化服务社会功能。在服务青年方面，从传统理论式的"教"到青年互动式的"育"，由青年人讲给青年人听。在服务基层社会方面，坚持"以服务带动引领"的志愿公益思想，传播社会主义核心价值观。

二、以队伍建设为基，高标准夯实组织基础

"星火"队建立有效的管理制度夯实组织基础。队伍施行"双导师"制，建立功能党支部，发挥党支部战斗堡垒作用。构建一体化选拔培养体系。队员经过一轮自学、二轮领学、三轮考核才能上岗讲解，夯实理论宣讲基本功。坚持常态化和长效化，形成全流程培养机制。队伍成员大多是党团骨干，以功能党支部为阵地，引导社团成员发挥党员先锋模范作用，逐渐形成以理论宣讲社团为阵地、社团成员为节点、辐射其他学生群体的社会主义核心价值观示范引领矩阵体系。

三、以宣讲内容为王，高水平传播创新理论

将社会主义核心价值观讲透。宣讲中通过多种授课形式将理想信念的实质直观地展示出来，让价值可理解、可亲近。宣讲后重视听众反馈，对听众反馈进行评估。将党的创新理论讲准。"星火"队在读原著、学原文、悟原理的基

"星火"队开展场馆里的思政课

础上关注权威性解读，并进行系统化梳理。将党的历史讲活。一方面，深入挖掘红色故事，让历史人物和事件更加立体鲜活地呈现。另一方面，用好党的红色资源，从传统的课堂走向红色文化空间，不断提升对象化、互动化宣讲能力。

四、以载体创新为要，高质量提升宣讲效果

突破时空界限，让社会主义核心价值观的传播更立体。队伍开发多种云讲解产品，包括视频云游、线上图片讲解、微宣讲课程录制，拓展覆盖面。构建分众讲解体系，让理论传播更精准。立足分众传播特点，形成"3+X"个性化讲解稿，让场馆讲解更精准，并针对大中小一体化设计了系列宣讲产品。融合多元思政要素，让理论传播更沉浸。排演校史剧《追梦百年》，通过话剧展现

复旦红色基因；结合《望道》电影，探索"映前授课＋电影放映＋场馆见学"新模式；推出红色巴士研学实践专线，打造行走中的思政课；立足陈望道旧居，讲解员化身"NPC"推出场馆里的思政课。

"星火"队在浙江嘉兴开展"行远"社会实践

"红喇叭"小讲解员社团
用童言童语讲述红色故事

黄浦区卢湾一中心小学

　　上海市黄浦区卢湾一中心小学于 2006 年成立了"红喇叭"小讲解员社团，是全国首支志愿服务中共一大纪念馆的小学生讲解员团队。社团名中的"红"象征着爱国主义教育，"喇叭"代表宣扬和讲解。习近平总书记强调"上海是党的诞生地"。社团不断激发师生们的热情，创新活动形式和课程内容，通过童言讲故事、童声说党史，充分发挥文化育人、活动育人、实践育人的功能，引导学生将党史内化于心，外化于行。

黄浦区卢湾一中心小学校长吴蓉瑾和
小讲解员们在中共一大纪念馆

　　"红喇叭"小讲解员社团充分利用中共一大纪念馆的红色资源，以儿童化的方式讲述党史故事，围绕习近平总书记考察上海重要讲话精神，丰富完善讲述内容。同时借助学校信息化发展优势，搭建"云剧场"虚拟讲解空间，将习近平新时代中国特色社会主义思想融入学校教育教学。

一、挖掘资源，述说故事

　　以中共一大纪念馆内现存的珍贵文物和情境布置为载体，从多个角度设计培训课程，引导学生深入了解中国共产党的初心和创建史。小讲解员在撰写讲解稿时，巧妙融入有趣故事，如陈望道在翻译《共产党宣言》时误把墨汁当红糖的插曲，使参观者深受吸引。

小讲解员在中共一大会址讲述党的故事

搭建剧场，学讲党史。"红喇叭"小讲解员社团搭建"云剧场"爱国主义教育平台。该平台以三片投影屏幕构成的多媒体戏剧表演互动空间为基础，将爱国主义教育基地虚拟成场馆地图。社团通过任务驱动，进行虚拟导览、讲解教学、拓展学习和模拟演练，进一步提升学生的培训效果。学生在平台上进

"云剧场"爱国主义教育平台

行多方位学习，实现足不出校参观红色基地。

二、传承精神，共讲党史

五代小小讲解员

习近平总书记在党的二十大报告中强调，要讲好中国故事、传播好中国声音。党的百年历史是最佳的中国故事，校长吴蓉瑾在党代会现场倍感鼓舞，坚定办好"红喇叭"小讲解员社团的决心。学校通过与更多红色场馆合作，共同推出一系列优质课程和活动，包括开设红色课程如"初心之地 光荣之城"、主题宣讲如"信仰灯塔"等，培养学生家国情怀，在实践中立德树人。

18年来，学校共培养了一千多名"红喇叭"小讲解员，服务近千场次，学校开设《小小讲解员》课程，使千余名在校学生人人都能讲解。新华社、中央电视台、《解放日报》等媒体相继报道，并获全国"红领巾社团"等称号。

实施"航天精神+"创新表达实践
赓续传承新时代红色血脉

上海航天技术研究院

习近平总书记给参与"东方红一号"任务的老科学家回信时强调:"新时代的航天工作者要以老一代航天人为榜样,大力弘扬'两弹一星'精神,敢于战胜一切艰难险阻,勇于攀登航天科技高峰,让中国人探索太空的脚步迈得更稳更远,早日实现建设航天强国的伟大梦想"。

作为中国共产党人精神谱系的重要组成部分,航天精神与社会主义核心价值观内涵同质、价值同向、发展同轨,共同为建设航天强国提供重要的价值指引和精神力量。围绕航天精神传承与弘扬,上海航天技术研究院注重科学作风培养,加强红色资源建设与利用,探索"航天精神+"模式,多维度开展创新表达和行为实践,使航天精神不仅内化为新时代航天人的标签属性,也外延为全社会践行社会主义核心价值观的一面旗帜。

一、聚焦"三个以",用"航天精神+思政教育"筑牢根与魂,持续推出有深度、有温度的课题研究和精品案例

以深化航天精神专项研究为"压舱石",诠释航天精神丰富的时代内涵,编制《航天精神对当代中国精神文明建设的重大贡献》课程,探索建立航天人才践行航天精神的行为规范。以航天重大工程任务为落脚点,开展好航天"思政课""公开课",创造性总结工程实践经验,形成嫦娥五号五大系列课程、空间站梦天舱创新思政阵地建设等

空间站梦天舱创新思政阵地建设

优秀案例。以"飞入寻常百姓家"为风向标，在"学习强国"学习平台、新华社客户端、喜马拉雅等平台发布"声波里的中国航天"百个音频故事，邀请孙家栋、陆元九、孙敬良等航天院士专家，奚美娟、濮存昕、刘德华等社会公众人物共同献声，传播航天梦想。空间站梦天舱和"声波里的中国航天"两个案例荣获中国政研会基层思想政治工作优秀案例，上海航天获评全国政研会工作优秀单位。

二、围绕"一圈一线一会"，用"航天精神＋基地平台"锻造神与韵，持续打造有象征力、有影响力的教育展示平台

打造苏浙沪皖航天精神教育"圈"，以广德六〇三探空火箭发射场、湖州七〇一三液体火箭发动机试车台等为依托，打造航天精神教育地标，获评全国首批科学家精神教育基地、全国首批大思政实践教学基地、国防科技工业军工文化教育基地、"国家工业遗产"等。形成一批航天精神

广德六〇三探空火箭发射场

教育示范"线"，结合党史学习教育，形成"寻根六〇三""塔架下的党课"等教育示范线路和示范课程，覆盖全院党员并走向社会公众。推出一系列航天精神宣讲"会"，举办"921"团队、长六甲首飞团队两场市级航天精神报告会，推动航天精神进机关、进高校、进社区，持续扩大航天精神影响力。

三、突出"四个高"，用"航天精神＋科普文创"生动态与形，持续生成可知、可视、可感、可参与的大众文化产品

"高"水平筹办航天主题展览，筹备"中国载人航天成就展·上海站"，联合钱学森图书馆推出"叱咤风云——风云卫星四十年展览"，积极参与"新时代 新奇迹·2017—2022"上海发展成就展，展示航天成就，坚定文化自信。"高"标准打造科普宣传，持续推出航天飞行器系列科普作品，获上海市科技

"中国载人航天成就展·上海站"展示
上海航天技术研究院抓总研制的交会对接机构

进步奖科普一等奖；联合上海教育电视台推出百集航天科普节目《我想上太空》，单频道收视人群超125万；嫦娥五号视频片获《人民日报》"每帧都震撼"点评；天问一号宣传动画、长征系列火箭第400次发射等作品全网点击量过亿。点亮航天文创"高"光时刻，联合闵行区五号线申通地铁推出航天主题创意列车，落成"航天邮局"，发布上海航天器专属表情包；发布系列任务徽章，获上海红色文化创意产品设计一等奖；联合"混知"推出空间站系列科普漫画，联合哔哩哔哩"UP主"推出长二丁火箭第五十次发射视频，联合"吾皇"推出嫦娥、天舟条漫。"高"度融入城市地标，联合SMG打造东方明珠上球体航天文旅项目，携航天光影秀参加"2023静安国际光影节"，携手南京路步行街共同打造"逐梦星河，遨游南步"航天精神宣传阵地。

弘扬伟大建党精神　用好红色电影资源

——"我的电影党课"

上海电影（集团）有限公司

2017年起，为打造可持续运作的党员教育新载体，创新主题党日模式，上海在全国率先推出了"我的电影党课"活动，活动由中共上海市委组织部、中共上海市委宣传部、上海市电影局主办，上海电影（集团）有限公司承办。七年来，活动紧扣党的主题教育工作要求，累计为10000余个党组织、228.6万人次提供电影党课服务。

一、弘扬伟大建党精神，策划创新党课模式

上影集团深度结合主题教育要求，每年突出不同的主题和重点，精选优质国产影片作为电影党课教材，邀请先进典型、党校和高校教师、影片主创人等担任党课讲授人，传承经典、传递正能量。

2017年"我的电影党课"活动现场

2017年，首次电影党课示范课邀请全国优秀共产党员、中国科学院院士吴孟超结合优秀国产展映影片《我是医生》主讲了"不忘初心　挺直腰板做一名合格的共产党员"党课。2018年，83岁的著名表演艺术家牛犇在电影党课启动仪式上加入了中国共产党，现场近千名党员为他见证。6月25日，习近平总书记给新近入党的牛犇写信，勉励他发挥好党员先锋模范作用，继续在从艺做人上为广大文艺工作者作表率。

2018年，83岁的牛犇庄严宣誓，加入中国共产党

"我的电影党课"活动模式持续创

新，影响力不断扩大，获得《人民日报》、央视新闻、上海基层党建等媒体的关注和持续报道。

二、秉承新老结合原则，不断丰富片单内容

上影集团不断探索"我的电影党课"学习内容，坚持新老结合，以兼具思想性、艺术性、观赏性和学习价值为标准，持续更新电影党课片单。

2023 年党课示范课"青春宣言　追望大道"

2021 年建党百年之际，电影党课年度片单量高达 116 部，除了《1921》《中国医生》《长津湖》等优秀主旋律新作外，每月推出《英雄儿女》《永不消逝的电波》等经典红色影片。

2023 年的电影党课精品示范课中，上影集团出品的影片《望道》电影党课，吸引了上海各级机关、企事业单位、街镇、高校参与的同时，共青团中央、全国总工会、中共中央党校等中央和国家机关单位也积极组织党员学习。

三、用好红色电影资源，持续提升党课服务

上影集团坚守"创新党建模式，为党建提供长效、有力抓手"的初心，将红色电影资源扩展成结合"电影观影—现场授课—沉浸式体验"的多维度资源。

2022 年起，"我的电影党课"活动在示范课、普通课、包场课的基础上，增加了流动电影党课、定制化党课等新模式，参与方式也在现场授课、电影放映、网络观摩的基础上，新增了送党课进校园进社区、党课书签兑换电影博物馆参观券、车墩影视乐园门票和红色党课之旅等。上影正在探索开发"沉浸式党课"，在上影影城（国华店）复原电影《望道》中的部分场景，让党员通过沉浸式体验加深学习印象。

后续，上影集团将继续紧跟时代步伐，把建党精神与城市精神结合起来，把红色血脉与城市文脉结合起来，让红色基因融入城市血脉，培植党员心中，引领广大党员在荧幕的光影中感悟使命，坚守信仰，获得力量。

守正创新立德铸魂 "红色电波"以舞育人

上海歌舞团有限公司

社会主义核心价值观是文化最深层的内核，决定着文化的性质和方向，体现着一个国家、一个民族的文化理想和精神高度。上海歌舞团作为国有文艺院团，将社会主义核心价值观融入文艺作品创作生产的各个环节，剧团创排的舞剧《永不消逝的电波》（以下简称《电波》）以"100位为新中国成立作出突出贡献的英雄模范人物"之一——李白烈士的真实故事为素材，在尊重历史的基础上进行大胆原创，通过舞剧的独特表现形式，再现了为民族解放事业而壮烈牺牲的、可歌可泣的英雄形象。在红色题材舞剧的创排和演出过程中，剧团加强对演员的思想引导，以"红色电波"铸魂育人，让青年成为红色文化的传承者、信仰力量的传播者，生动践行社会主义核心价值观。

一、"电波"激活红色基因

2018年舞剧《电波》创制演出，首演即口碑爆棚，"破圈"吸粉无数，剧中片段《渔光曲》受邀登上2020年央视春晚舞台，"红色电波"成为当代中国舞台艺术界的一种文化现象，作品"奖杯"和"口碑"双丰收，彰显了革命历史题材作品在当代社会的巨大影响力和时代价值。

剧中"李侠"的饰演者王佳俊，伴随着《电波》的创排和演出，加入中国共产党的愿望越来越强烈。2019年6月30日，他向党组织递交了入党申请书。2021年5月28日，在《电波》深圳巡演的舞台上光荣入党，他说："饰演'李侠'的每一场演出都是一次精神洗礼，是'李侠'带领我入的党！我要成为像他那样优秀的人，为社会为更多的人服务。"

2021年5月28日，舞剧《电波》中"李侠"的饰演者王佳俊在演出期间光荣加入中国共产党

二、"红色电波"以舞育人

　　舞剧《电波》的演员中"90后""00后"占比80%以上，在该剧推出后的5年多时间里，越来越多的青年演员通过舞剧演出的实战历练，得到了全方位的锻炼和提升，逐渐成长为舞台上的新生力量。

舞剧《电波》剧照

　　在此过程中，剧团党总支牢固树立"德艺双馨"的育人目标，加强对青年演员的思想政治教育，帮助他们树立正确的人生价值观，让他们在最好的青春，舞出属于他们最美的芳华。同时，在"舞动的党支部"中，利用多元化的组织生活模式提升青年党员的政治素养、党性修养，努力打造出一支有信仰、有情怀、有担当的青年文艺"铁军"。目前，《电波》剧组中，中共党员、入党积极分子和入党申请人已超过50%，这是"红色电波"以舞育人带来的最直接成果，也是"把支部建在连上，把党员连在剧上"带来的切实成效。

三、"红色电波"永不消逝

　　舞剧《电波》诞生至今，已走过全国50个城市、68座剧院，演出超620场，观众超70万人次，它所传递出来的信仰、信念以及奉献、牺牲精神，深深感动和感染着人们。

"90后"观众杜女士在文艺党课现场讲述对舞剧《电波》的热爱

　　2021年6月10日，"90后"观众杜女士抱着一本厚厚的票夹来到上海宣传系统文艺党课示范课的现场，在她看来，"看了40场，依然感动如初"。她也在2020年7月1日，递交了入党申请书。她说："看完《电波》，让我了解了革命先辈如何付出生命的代价换来我们今天的生活。我产生了一个强烈的愿望，我想入党，成为他们中的一员。""长河无声奔去，唯爱与信念永存"，这就是"红色电波"永不消逝的魅力。

奔驰在钢轨上的红色课堂

——上海—嘉兴"南湖·1921"红色旅游列车

上海铁路文旅传媒集团有限公司

2021 年，上海铁路文旅传媒集团有限公司以庆祝建党百年为契机，组织开行上海至嘉兴的"南湖·1921"红色旅游列车，打造"乘火车·上党课"品牌，成为闪耀上海、嘉兴乃至长三角地区的一道穿越百年历史、传播红色文化、展现发展变化的流动风景线。

一、精心设计，构建流动鲜活的红色教育平台

通过查阅历史资料、咨询专家学者、旧址实地走访等，从车次确定、车体改造、站点安排等列车运行的各个细节进行仔细推敲、反复酝酿，最大可能还原了一大代表乘车场景和路线。列车全列编组 10 辆，由"周恩来号"机车组承担牵引任务，车次确定为 Y701/702 次，编入运行图组织每日往返于上海至嘉兴站之间。全列车厢外部下端颜色为红色和金色，每辆车均冠有"南湖·1921"和"上海 SHANGHAI""嘉兴 JIAXING"字样，以红底黄字的方式展现。每节车厢均镶嵌列车途经区域红色景点画框，点缀传统剪纸窗花，悬挂石库门和红船刺绣图案的棉麻窗帘。其中，特别将两节车厢改造成红色主题功能车厢，设置火车邮局、党史学习角等功能区域，让历史和现实在车厢里交织，凝结成独特的乘车体验，构建出流动的红色教育平台。

游客在"南湖·1921"红色旅游列车上合影

二、精心组织，扩大实际教育效果和影响力

在车厢设置读书角

厚植红色氛围，将1、2号车厢改造为再现中共一大召开历史场景的功能车厢，布置有 20 世纪 30 年代南湖游船老船票、邮票，上海老北站月台、嘉兴火车站和南湖风景区烟雨楼老照片、书籍剪影、列车时刻表、复原台灯等老物件，让旅客一登上列车就能感悟红色印记。

讲好红色故事，组织骨干力量深入挖掘当年一大代表赴嘉兴南湖时所经路线上的重要遗迹、旧址、故事与铁路革命历史，邀请中国铁路上海局集团公司党校教师"五老"宣讲团成员、"青马"讲师以及苏州、无锡等路外党校专家教授在列车开行过程中为乘车旅客现场讲授《建党精神》《长三角铁路革命史话》等 7 节专题党课。

注重互动交流，在列车的小桌板上张贴列车"微党课"二维码，旅客用手机扫一下就可以收听收看《铮铮誓言，薪火相传》等 22 节微党课视频，提升感染力吸引力。引入专属设计的纪念邮戳，设置"历史的记忆·火车邮局区""红色阅读教育·火车学习角"，真正将红色列车打造成"乘火车、上党课"铁路特色党史学习教育品牌。

中国铁路上海局集团公司"青马"讲师为列车游客讲解

三、持续提升，推动红色旅游列车行稳致远

在列车开行过程中，不断收集意见，总结经验，对列车进行持续提档升级。争取固定"周恩来号"机车牵引，展现铁路红色基因。加强路地合作，引入社会优质红色教育资源进列车，打造宣传思想文化展示平台。设置"上铁旅友"文创展柜，打造文化创意产品销售

"周恩来号"机车牵引

平台。开发研学旅游产品，打造红色教育重点项目承揽平台。2023年，《"南湖·1921"红色旅游列车以"文明"冠名旅游专列打造移动宣传新平台》案例被文化和旅游部评为第一批文明旅游宣传引导十佳案例。

使命如磐说党史　红色圣地传初心

——武警上海总队执勤第四支队"兵哥说党史"宣教片经验做法

武警上海总队执勤第四支队

十中队官兵在中共一大会址拍摄"兵哥说党史"短视频

1999 年，武警上海总队执勤第四支队十中队 4 名官兵走进中共一大会址，成为首批义务讲解员。25 年来，100 余名讲解员交相接力，如饥似渴学党史，热情似火说党史，知行合一用党史，固化形成了"组织带组织、党员带群众"的前置化、连贯化宣讲培育机制。2020 年 7 月，支队推出"兵哥说党史"系列短视频，用生动活泼、形式新颖的短视频讲述党史故事，被新华社、中国军网等军内外几十家媒体转载，引起广泛关注。2022 年 2 月 26 日，习近平主席给十中队全体官兵回信，肯定中队"连续 20 多年在党的一大会址义务讲解党的历史、传播党的理论，收到了良好的效果"，并勉励大家"当好新时代'霓虹灯下的哨兵'，永远做党和人民的忠诚卫士"。

一、党群融合学党史，培育最虔诚的信仰者

把弄清"从哪里来、到哪里去，由谁缔造、为谁打仗"等基本问题作为增强官兵"四个认同"的基础工程。依托中共一大纪念馆、中共二大会址纪念馆、龙华烈士陵园等红色践学基地，

十中队义务讲解员在为游客讲解党史

下发党史必读书、组织专家讲座课、浏览主题公众号、开展知识小竞赛，让大家在追溯根脉、解读初心、感悟发展、秉承鸿志中丰富知识底蕴、铸牢政治信念。编写优秀义务讲解员故事集，将党史讲解员个人档案纳入中队荣誉室，编进中共一大纪念馆、中共二大会址纪念馆馆志，激励官兵争当如数家珍的宣讲"小行家"、深信笃行的党史"小专家"。

二、守正创新传党史，培育新时代的宣传者

注重发挥新媒体的传播力和感召力，以"兵哥说党史"的形式与时俱进将党的理论讲明白，让正能量更强劲、主旋律更高昂，让党的声音传得更远、传得更广、传得更深入。首部视频一经推出，便在新华社、央广军事、中国军网等军内外几十家媒体平台广泛转载，新华社发布后点击量迅速破百万，相关事迹也被国防部官网、《解放军报》、《解放日报》等宣传报道，引起社会广泛关注。上海历史博物馆、中共二大会址纪念馆等多处红色景点主动联系中队，邀请官兵前来拍摄"兵哥说党史"短视频，热心网友也积极建言献策，提供宝贵建议，形成了众人拾柴、内外联动的火热态势。

十中队官兵在中共二大会址纪念馆拍摄
"兵哥说党史"短视频

三、接续传承讲党史，培育最积极的践行者

因为对党史传统的深学笃信，官兵不仅成为党史知识的宣传者，更成为优良传统的践行者。中队自 1982 年接替"好八连"勤务以来，始终传承"好八连"精神，每月 20 日风雨无阻在南京路开展为民服务，拓展 20 余个新兴服务项目，带动 130 多家单位共同参与。利用周末走近孤寡老人、自闭症儿童、残障人士和精神病患者，设立"帮困信息卡"，赢得人民群众的广泛赞誉。与 10家高校、街道建立共建共育机制，组织"进学校、进社区、进企业"讲述党史

十中队义务讲解员在中共一大会址为外国友人讲解党史

故事、普及国旗知识、开展国防教育。近年来，为中小学校和企事业单位讲座授课120余场次，5名官兵被聘为课外辅导员，全国各地5万余人次慕名前来参观学习，为民服务的触角进一步延伸、党史宣讲的质效进一步拓展。

二　文化培育

解码非凡十年　汇聚奋进力量
——上海市主题成就展览掀起礼赞新时代热潮

中共上海市委宣传部

　　为深入学习宣传习近平新时代中国特色社会主义思想和习近平总书记考察上海重要讲话精神，胸怀"国之大者"、着眼"四个放在"，上海市坚持以大型主题展览形式开展社会宣传教育，传递中央声音、展现上海发展、凝聚奋进力量。截至目前，已面向全市开展 2017 年"逐梦新时代·上海 2012—2017"大型主题展览、2018 年"勇立潮头——上海市庆祝改革开放四十周年"大型主题展览、2019 年"城市荣光——庆祝上海解放 70 周年"主题展览、2020 年"我们众志成城"上海防控新冠疫情主题展览、2022 年"新时代　新奇迹·2017—2022"上海发展成就展、2023 年"踔厉奋发强国防　勇毅前行向复兴"上海全民国防教育主题展等多场大型主题展览。

2018 年"勇立潮头——上海市庆祝改革开放四十周年"大型主题展览

一、铺展成就画卷　彰显时代气象

　　主题展览以中央对上海的关怀指导和发展定位为主线，以城市发展建设成就和人民群众获得感为展示重点，充分体现思想性、时代性、艺术性。以"新时代　新奇迹·2017—2022"上海发展成就展为例，展览以五年为跨度，以上海深入贯彻落实习近平总书记考察上海重要讲话精神和重要指示为主题主线，模拟十大展厅场景空间，通过 3 万多文字、400 余幅图片、30 余部短视频、内嵌 H5、虚拟讲解、AI 互动等丰富内容，全方位描绘、全景式呈现"人民的城市，辉煌的五年"。展览线上总点击量 3504 万次，主题党课访问量近 120 万人

2022 年"新时代　新奇迹·2017—2022"上海发展成就展

次，打造成为党员群众主题教育的大课堂。

二、创新展陈形式　鼓舞奋进决心

展览策划加强创新表达，让展览成果入眼入脑入心，激发全市干部群众开拓进取、奋发有为的精神状态，创造美好生活的热情和干劲，使展览形式活泼生动，富有感染力。用微观表达增强吸引力。关注普通百姓关切点，抓住社会发展关键点，激发思想情感共鸣点，用市民视角展示改革开放的宏大主题。如在城市建设的成就展示中，危棚"蜗居"与宜居新城的鲜明对比，挤车难、行路难与四通八达的高架、桥隧的对照，让观众真切感受到居住、交通条件的巨大改善，城市面貌的焕然一新。用现代技术增强感染力。主题展

展览现场实景还原装置

览利用沉浸式场景打造、VR 技术情景再现、立体声效、真人表演于一体，创新设计助力精神诠释、实景还原增强情感共鸣。

三、反映人民心声　营造浓厚氛围

全市各区、各委办广泛组织发动本地区、本系统，开展丰富多彩的展览学习活动，把参观学习主题成就展览与主题形势教育相结合，各种创新观展形式竞相涌现。一是掀起"云端"学习热潮，除线下实体展览外，主题展览同步推出数字线上展，实现线上线下同频互动，让党员群众足不出户也能尽览上海发展成就。各区各单位以中心组学习、基层党课、党日活动为抓手，通过共学展览党课、实时交流感想、撰写心得体会、组织有奖竞答等形式，组织来自不同领域和地域的党员干部、市民群众参与到分众化、对象化、互动化的展览学习活动中。成就展览引领青年学子学、产业工人学、社会各界统战对象学，团结鼓舞广大群众在新征程上贡献力量。二是打通展览学习"最后一公里"。发挥线上展览的即时性、便捷性特点，促进展览进商圈、进企业、进社区、进乡村。依托市区新时代文明实践中心、党群微家、社区空间等阵地，结合"三下乡"常态活动、群众性主题宣教活动，深入群众组织观展学习。

以思想为引领突出主题、以人民为中心谋篇布局、以效果为导向创新形式，上海市主题展览生动展现在牢记嘱托、砥砺奋进的征程中上海排头兵的姿态和先行者的担当，使观展者从深度参与到深刻感受，进而引发深层思考，为奋力创造新时代上海发展新奇迹、谱写新时代人民城市新篇章凝聚精神力量。

提倡全民阅读 延续城市文脉
——上海书展"淘书乐·樱花谷旧书市集"

中共上海市委宣传部

2023 年 9 月至 11 月，在市委宣传部的大力推动下，由上海书展指导委员会指导，上海世纪出版集团、中共黄浦区委宣传部、黄浦区建设管理委员会、外滩街道党工委主办，上海图书公司承办的 2023 上海书展"淘书乐·樱花谷旧书市集"，在黄浦区南苏州路 186 号樱花谷成功举办了三季。"淘书乐·樱花谷旧书市集"积极倡导循环阅读新风尚，深入挖掘城市文化底蕴，弘扬与传承中华优秀传统文化，进一步推动全民阅读发展、助力书香社会建设。

一、倡导循环阅读新风尚

2023 年第一季"淘书乐·樱花谷旧书市集"

激发读者阅读热情。每月一季的举办频率、每季超万余种古旧书刊的展销规模，吸引了大量市民读者和游客的关注与参与，让更多人感受到"淘"旧书的独特魅力。倡导绿色循环理念。宣推"循环、低碳、绿色、环保"理念，提供现场

收购或预约上门收购的回收旧书专业服务，让读者家中书房轻松实现"新陈代谢"。打造苏州河畔文化"金名片"。深入挖掘沪上历史记忆和文化精粹，提升苏州河滨水公共空间服务效能，展现城市与书籍间密不可分的深厚联系。

以"你家书房'新陈代谢'了吗？"
为标语的回收旧书服务

二、弘扬中华优秀传统文化

非遗技艺缀连古今。上海图书公司古籍修复技艺第四代非遗传承人朱静，现场展示古籍修复技艺，让读者近距离感知这项传统技艺对于古典文献"焕发新生"以及文化根脉古今传承的重要意义。传递城市文脉。每季"淘书乐"市集精心策划主题讲座和展览，邀请知名学者讲述上海的历史与文化、淘书的故事，并通过珍藏的老期刊展览带领读者追溯历史记忆。提升文化趣味。结合传统文化与现代审美的文创产品、以地方标志性建筑为灵感的原创手绘图章、富有海派风情的打卡点等，为市民、游客带来更为丰富、多元的文化体验。

2023年第二季"淘书乐·樱花谷旧书市集"

三、助力"书香上海"建设

深耕阅读文化。通过"可淘、可赏、可听、可打卡、可集章"等多彩的

2024年"淘书乐·天安千树旧书市集"的"书香游轮"

文化形式，为读者提供独特的文化体验。2024年上半年，"淘书乐"市集升级至2.0版，进一步丰富了市集内容，推出了优化读者体验的新举措，新增"书香巴士""书香游轮""音乐巴士""童书嘉年华"等亮点。拓展辐射范围。"淘书乐"市集赢得了社会各界的一致好评，并得到中宣部领导的高度肯定。2024年上半年再次推出三季"淘书乐"市集，继黄浦区樱花谷后，又在普陀区天安千树、浦东新区陆家嘴金融城成功举办，将书香散播到全市更多区域。培育阅读新风。2024年"淘书乐"市集在策划时充分考量了社区居民、楼宇白领等人群的特点与需求，通过差异化图书选品与个性化活动定制，满足不同读者群体的多样化阅读追求。迄今为止的六季"淘书乐·樱花谷旧书市集"，共吸引读者近6万人次，销售书刊6万余册。"淘书乐"市集在全国率先打造了新型旧书市集的样板，推动本市旧书市场良性发展，为促进全民阅读发挥了积极作用。

"大师面对面"
新时代好少年社科夏令营

上海市精神文明建设办公室

为全面贯彻党的二十大精神，推动中华优秀传统文化传承发展，促进文明培育走深走实，提升青少年社会科学核心素养，培养拥有"四个自信"的时代新人，2023年，市精神文明办会同市社联创新推出"大师面对面"上海新时代好少年社科夏令营，并以此为载体，持续传播"小切口"中的"大文明"，深化"小故事"中的"大主题"，引导好少年们共同开阔视野、启迪思维，引领更多青少年树立中华文明价值认同与文化传承责任担当，修身立德、全面发展。

一、围绕中心，明确主题

2023年4月至6月，围绕学习贯彻习近平新时代中国特色社会主义思想，以加快建设教育强国、弘扬上海城市精神品格等为目标，市文明办与上海社会科学院深入分析把握当代青少年成长规律，共同协商策划、沟通合作，明确以传承中华优秀传统文化，培育青少年文明素养作为联合推进工作的目标与方向，努力帮助更多青少年学习人文社会科学知识，了解中国式现代化建设的宏伟蓝图和成就，进一步坚定理想信念，争做时代新人。

社科夏令营《文明之源·文化基因》课程，
主题为"龙的元宇宙"

二、调研需求，原创课程

以"让每一个参与的孩子从我们的工作中获益"为理念，前往文明校园、

社科夏令营课程《对话伟人·启迪思想》，学员们参观"来自特里尔的问候——马克思生平与著作展"

学校少年宫、复兴·颂红色文化空间等校内外阵地调研，了解青少年发展特点及成长需求。在调研基础上，探讨形成以社科通识课和探究互动课为主体内容的课程方案。设计社会主义核心价值观、中华创世神话、"一带一路"发展、世界经济与哲学等研究环节，邀请25名上海

社科界知名专家学者参与授课，以青少年与社科大师面对面的形式，确保课程质量，丰富活动内涵。课程主教室设置在上海社会科学馆研学课堂，帮助青少年在学习实践中见世面、长才干、壮筋骨，用敏锐的眼光观察社会，用清醒的头脑思考人生，用智慧的力量创造未来。

"大师面对面"上海新时代好少年社科夏令营暨沪疆新时代好少年社科友谊互动营在上海社会科学馆开营

三、市区联动，汇聚合力

2023年7月至8月，连续举办5期夏令营活动（每期一周），每期30名好少年代表参加，覆盖全市16个区。夏令营组织过程中，各区文明办共同参与学员招募工作，积极反馈活动效果，协助调整、优化内容供给。同时，复旦大学、上海交通大学、华东师范大学等市社联主席团成员高校，上海广播电视台纪录片中心、上海近现代新闻出版博物馆等宣传系统合作单位配合完成学员探究互动等任务，共同打造具有市、区、学校、家庭等跨地区、跨部门、跨层级联动特点的夏令营研学平台，汇聚协同育人合力。

实施提出地工程　传承百年统战文化

中共上海市委统战部

近年来，上海统一战线深入学习贯彻习近平总书记关于做好新时代党的统一战线工作的重要思想，实施党的统一战线政策提出地工程，系统构建上海统战文化内涵外延，传承百年统战优良传统，在新征程上团结奋斗、不辱门楣、不负使命。

一、构建上海统战文化工作格局

加强顶层设计。印发《关于实施党的统一战线政策提出地工程的意见》，明确工作目标、任务和举措。成立由市委宣传部、市委党校、市委党史研究室、市档案局、市文旅局、市社院等单位组成的提出地工程实施小组。邀请党史、统战史、城市建筑、文化艺术、展陈设计等领域专家组成提出地工程专家组。将提出地工程纳入市区两级

党的统一战线政策提出地工程标识

年度统战工作重要内容和考核项目，进行统筹管理和督促检查。建立部务会领导、市区联动、各方参与工作机制，全市统一战线组织展览、讲座、论坛、演出等110多项统战文化活动。

二、保护利用上海统战历史文化资源

挖掘上海统战历史文化资源。在市委宣传部支持下，开展上海统战历史文化资源普查，通过实地走访、问卷调查、专家座谈等，充分挖掘统战历史文化资源。从2019年开始，开展"百馆百物讲统战"专项活动，调研全市百余个涉及统一战线场馆，梳理全市218处统战历史文化资源点位，分层分类建立统战历史文化资源名录，联合市测绘院制作《上海统战文化地图》。与市文旅局联合发布"穿越时光的统战之旅"行动，推出8条集展示、教学、培训为一体的行走教学路线，将统战文化线路融入城市红色微旅游。

"团结号"专线巴士

建设上海统战文化阵地。联合各区委统战部，建设"统战源"上海静安统战文化中心、"大思南"统战文化广场及上海黄浦党的统一战线展陈基地、上海普陀统战文化中心、福寿园青浦统战文化广场、浦东新区金石榴公园、金山区上海湾区南社统战文化广场、徐汇嘉澜庭、闵行江川统战文化中心、海之花奉贤统战教育实践基地等9处统战文化阵地，打造了一批集"传播、研究、教育、活动"等功能于一体的统战文化宣传窗口、活动阵地、实践基地。

三、打造上海统战文化活动品牌

举办"上海统战文化周"。7月16—23日（中共二大会期）8天时间，以"团结向未来"为主题举办"上海统战文化周"，集中展示提出地工程的理念、内容和成果，以文化人、以文聚力、以文兴业。其间，隆重举行第一届统一战线岗位建功十大楷模授证仪式。全市统一战线各部门、各单位、各领域积极参

第二届上海统战文化周开幕活动

与统战文化周，举办 50 多场自编、自演、自讲的原创统战文化活动，展示了全市统一战线成员和统战工作者的风采。

制作上海统战文化系列产品。依托上海音乐学院、上海文广集团等专业力量，以文创、歌曲、视频、文学、舞台等多形式、多手段呈现统战文化。设计并发布党的统一战线政策提出 100 周年纪念标识和提出地工程宣传标识；制作并发布纪念统战百年专题短视频《百年回眸》；策划创作统战文化周主题曲《团结之歌》，组织全市统一战线积极传唱；创作情景短剧《与统战先辈的时空对话》，将陈望道、颜福庆、陶行知、荣毅仁等老一辈统战成员与后人情感相连；创作《海上名家》《永不褪色的理想信念》等系列短片。

围绕统战历史、理论、文化、场景、体验、传播等方面探索实践，进一步激活统战资源，策划、创造系列文化活动和宣传产品，将统战历史、人物、故事串珠成链，初步形成了上海统战文化体系。上海统战文化周和系列统战文化活动线下参与人数超 2.7 万人，在全市掀起了一场纪念统战百年悠久历史、传播灿烂统战文化的热潮，统战文化也化为激励统一战线起而行之、实践创新的持续动力。

用心用情管好用好红色档案资源

——"跟着档案看上海"档案文化品牌

上海市档案馆

上海市档案馆馆藏档案 565 万余卷，涵盖党史、新中国史、改革开放史、上海城市发展史等多类史料资源。依托这些珍贵馆藏，上海市档案馆精心打造"跟着档案看上海"档案文化品牌，依托展览陈列、图书出版、数字人文平台、地铁文化长廊、短视频等丰富多元的形式，建设项目矩阵，辐射多元受众，充分发挥档案资政育人的重要作用，着力培育和践行社会主义核心价值观。

一、策划主题展览，传承红色基因

上海市档案馆青年档案文化宣讲志愿者为观众讲解"书信家国　尺牍情深——弘扬伟大建党精神·长三角档案联展"

2021 年上海市档案馆新馆开馆之际，同步推出的常设展"城市记忆　时光珍藏"汇聚近千件馆藏珍档，以场景再现、多媒体展陈、互动装置等多种形式，彰显上海深厚的红色文化底蕴，取得了良好的社会反响。近年来，上海市档案馆精心打造"书信家国　尺牍情深——弘扬伟大建党精神·长三角档案联展""大道同行　海纳百川——从'丝绸之路'的历史回响到'一带一路'的上海实践档案文物展""光荣之城　人民城市——庆祝上海解放 75 周年红色档案文献展"等一系列红色档案文化精品，同时利用红色档案开展党史学习教育、理想信念教育、爱国主义教育等。

二、编研精品书籍，赓续历史文脉

上海市档案馆深入挖掘馆藏资源，利用红色档案编纂出版了一批红色书

籍。如《跟着档案看上海》《初心的传
承——中国共产党人的家风》《换了人
间——共和国记忆》《东方欲晓——新民
主主义革命记忆》等。《跟着档案看上海》
荟萃了中共一大会址、周公馆、人民广
场、东方明珠广播电视塔、南浦大桥等
14个城市地标，从档案的视角挖掘和呈

《东方欲晓——新民主主义革命记忆》等图书

现上海红色文化、海派文化、江南文化的深厚底蕴，出版当月就荣登中国图书
评论学会"中国好书榜"月榜。上海市档案馆持续打造档案编研精品，切实做
好文化惠民工程，为社会培根铸魂，为城市涵养文脉。

三、创新宣传形式，盘活档案资源

"跟着档案观上海"数字人文平台界面

上海市档案馆聚焦数字赋能，
持续推出群众喜闻乐见的数字文
化产品。2020年，汇集上海市、
区两级17家综合档案馆开放档案
数据的"数字档案公共查阅平台"
上线运行，读者可在线查询浏览，
了解城市发展历程中难忘的那些
事、那些人。2023年，"跟着档案
观上海"数字人文平台上线运行，

该平台依托1.7亿幅数字化馆藏档案资源，利用数据库、知识图谱、短视频等
前沿技术，使群众能够足不出户了解上海城市发展。同时围绕"跟着档案看上
海""跟着档案学党史"等主题，针对青少年群体的特点，采用现场讲述、档案
展示等方式，拍摄系列短视频，内容涵盖中国共产党人的家风故事、陈望道首
译《共产党宣言》、"中央文库"的故事、人民广场的百年变迁等，使红色档案
数字化转型成果惠及更多群众。

凝聚社会力量　开拓创新守正
以无障碍电影彰显上海城市温度

上海市残疾人联合会

自 2013 年起，上海先后推出商业影院无障碍电影专场、阳光院线社区无障碍电影、阳光至爱融合观影等无障碍观影服务，着力保障视听障残疾人文化权益。市委、市政府高度重视支持无障碍电影发展，将无障碍电影列入 2014 年"上海市政府实事项目"，2018—2019 年度"上海市志愿服务品牌项目"。截至目前，无障碍电影专场、放映点已覆盖本市各区、各街镇，仅专场放映的无障碍电影近 1700 场，惠及残疾人 18 万余人次。无障碍电影公益解说团队的志愿者近 400 名，解说团队于 2014 年被评为"上海市十大社会主义精神文明好人好事"，2019 年获得"全国助残先进集体"等荣誉。

一、凝心聚力，从起步摸索到制度保障

市残联举办"无障碍电影日"活动

无障碍电影是诞生于上海、起步于基层，凝聚社会各界力量的公益行动。为了让视力残疾人也能享受到电影艺术的乐趣，2005 年，无障碍电影的雏形"为盲人讲电影"在上海社区诞生。2009 年，"无障碍电影工作室"成立，制作无障碍电影光盘向残疾人提供借阅服务。2012 年，本市商业影院开设无障碍电影专场，邀请视力残疾人走进影院，享受专业解说志愿者现场讲解服务。2013 年，"无障碍电影日活动"写入《上海市实施〈中华人民共和国残疾人保障法〉办法》。先后发布、修订关于做好本市无障碍电影工作的 3 份指导性文件，为无障碍电影健康发展提供了制度保障、资金支持和规范指导。

二、守正创新，从丰富内涵到拓展外延

为进一步满足视听残疾人的观影需求，市残联多措并举、全线布局，开发实施多种形式的无障碍电影服务项目。目前，全市 16 个区均设有定点商业影院无障碍专场，每月同步放映解说无障碍电影。2015 年，启动"阳光院线"社区无障碍电影工作，将无障碍电影送进社区、送到残疾人"家门口"。到"十三五"规划末，"阳光院线"放映点已实现本市社区全覆盖。2020 年起，推进实施阳光至爱融合观影项目，实现了残疾人与健全人融合观影。此项目已拓展至长三角多个城市。2023 年，市残联发起"和你一起看电影"青少年志愿助残社会实践活动，帮助更多残疾人走出家门、走向社会，也让社会主义核心价值观更好地融入青少年教育实践中。

残障人士在无障碍电影专场观影

三、彰显温度，从数字赋能到提质增效

为更好地满足视听障群体的精神文化需求，让更多视听残疾人平等参与文化生活、共享社会发展成果，市残联正在尝试开发听障版无障碍电影，为听力

视力残疾人走进影院，享受专业解说志愿者现场讲解服务

残疾人提供新的文化服务载体。积极与新媒体平台合作，开启"阳光之声"无障碍电影线上观影新模式，让残疾人足不出户便能欣赏"触手可及"的电影大餐。此外，随着视听残疾人对无障碍电影需求的不断增长，如何将无障碍版本电影纳入影片制作流程，进行批量化生产；如何在《马拉喀什条约》框架下，为残疾人提供更多更新的无障碍电影作品，已成为相关部门正在研究解决的课题。未来，市残联将始终以排头兵先行者的姿态，积极践行"人民城市人民建，人民城市为人民"理念，努力把无障碍电影公益事业发展成为丰富残疾人精神文化生活的民心工程，让城市温度更好在残疾人身上体现。

持续开展"逐梦新时代"主题活动
推动社会主义核心价值观落细落小落实

中共黄浦区委宣传部

为深入学习贯彻习近平新时代中国特色社会主义思想，进一步培育和践行社会主义核心价值观，黄浦区委宣传部自 2017 年起，连续八年推出"逐梦新时代"主题活动，秉承"从群众中来，到群众中去"理念，广泛发动社会各界，以主题宣传教育项目孵化为特色，通过自主申报、专家评审、资金支持等工作流程，打造了一批主题鲜明、富有特色、适于社会面宣传推广的主题项目。2017 年至 2023 年，共收到申报项目 434 个，通过项目 205 个，其中微电影 29 部、短视频 35 部、文艺作品类 38 个、主题宣传品 48 个、主题活动 55 个，申报主体持续拓展到 130 余家企事业单位。2024 年，黄浦区委宣传部以"逐梦新时代　文化润人心"为主题继续向社会开展项目征集。

一、坚持全面动员与重点培育相结合，增量提质铸特色

通过上海黄浦融媒体阵地广泛宣传，发动机关单位、街道、教育系统单位、文化系统单位、社会组织、企业、高校等积极参与。加强与上海市中共党史学会渔阳里历史文化研究会、上海音乐学院音乐戏剧系、上海华夏文化创意研究中心等专业机构沟通

《顾老师讲红色故事》系列课程

合作，重点培育出以黄浦红色史迹为主要内容的书籍、舞台演出、手绘地图、寻访线路、主题活动等系列成果，重点培育出反映黄浦城区发展、文化繁荣、文明实践、先进典型等的微电影和短视频。

黄浦红色露天博物馆
骑行之旅活动海报

二、坚持常态工作与重大活动相结合，稳中求进扩影响

贯穿全年常态化工作推进项目实施，牢牢抓住重要时间节点，推出主题活动，扩大社会影响。2021年，举办"百年红剧·'艺'启新征程"演艺党课观演活动，组织全区党、团员和师生、市民等近万人观摩红色遗迹巡礼情景诗剧《追寻》、多媒体舞台剧《红色的起点》。2023年，组织举办多场黄浦红色露天博物馆品质骑行之旅，在黄浦南部滨江以红色工运为主线，打卡包括三山会馆、小南门火警钟楼、江南造船厂红楼等五个红色点位。

三、坚持动态跟踪与工作指导相结合，盘活资源强基础

始终与项目合作方保持密切联系，通过共同策划、现场参与、实地走访、电话沟通等方式，跟踪每个项目的开展情况，牢牢守住意识形态底线，提升项目开展的专业性、艺术性水平。在此基础上，实现了区文化馆与上海音乐学院合作的沉浸式音乐剧《福兴布庄》项目落地，促成了瑞

音乐剧《福兴布庄》展演

金二路街道与渔阳里历史文化研究会在《红色露天博物馆之南昌路红色街区》项目上的合作，形成了以红色文艺激励青年学子爱党爱国情怀，以多元联动格局挖掘展示街区历史底蕴的良好社会效果。

通过"逐梦新时代"系列主题活动的探索和实践，加深了区域内不同主体的沟通合作，促进了对区域文化历史资源的挖掘利用，实现了对社会宣传手段载体的创新提升。接下来黄浦区将继续在组织发动、宣传推广、项目管理等方面加以完善，将"逐梦新时代"品牌打造成为黄浦区培育和践行社会主义核心价值观的生动载体，推动社会主义核心价值观落细落小落实。

深耕民间艺术　弘扬龙船精神
推动中华优秀传统文化传承弘扬

宝山区罗店镇

宝山区罗店镇围绕对本土特色"龙船文化"的传承发扬，不断提升龙船文化品质，充分把握上海特点、宝山特色、罗店特征，深耕民间艺术，推动文旅融合，创新"罗店龙船+"文化，带动"罗店文化"持续出圈，罗店划龙船习俗入选第二批国家级非物质文化遗产名录，罗店"龙船文化"获评"中国民间文化艺术之乡"建设典型案例。

一、延续文脉，为罗店龙船"注入"全新活力

罗店龙船始于明、盛于清，拥有400多年历史，鳄鱼嘴、麒麟角，颌下长须拂水，全身叠鳞映彩，体现出龙船艺人的匠心，让罗店龙船独树一帜。罗店划龙船源于端午龙船竞渡的传统民俗，重观赏、轻竞渡。随着时代变迁，传承"工匠精神"的罗店龙船与时俱进，已举

罗店端午划龙船

办17届的罗店龙船文化节。罗店划龙船传承吴越文化特色，将百姓文化盛会之性质、原汁原味之古韵和时代发展之新潮结合得恰到好处，是上海市标志性的端午节庆民俗活动。市民和游客观看划龙船，真切重温优秀传统文化，体验一场盛大的"见人见物见生活"的端午节活动，既有传统文化的推陈出新，又有时尚文化的有机融入，为传统民俗古韵增添了新的光彩，为地域文化生态注入了新的活力。

二、拓展功能，以龙船品牌"扮靓"文化四季

"春有花神秋有画，夏有龙船冬有灯"，罗店龙船引领着罗店的"文化四

罗店花神庙会

季"。除了夏天的划龙船外，罗店人春天祭花神，秋天画民俗，冬天还能赏彩灯，百姓的日子因丰富的民间艺术而过得有滋有味。罗店镇先后举办了6届罗店花神庙会、17届罗店龙船文化节，14届罗店灯彩年会，成立了"上海书画院罗店民俗绘画艺术传习创研中心"。通过宣传展览、开展培训，创建"一村一品"等多种形式，在校园、社区、村宅和企业广泛开展民间文化"四进"活动。依托宝山国际民间艺术节平台，与30多个国家地区开展民间文化艺术交流活动。罗店彩灯先后赴芬兰、比利时、德国、新西兰等展出。人民日报、新民晚报等主流媒体对罗店龙船文化进行了百余次宣传报道。

三、赋能强效，用龙船文化"助力"乡村振兴

罗店振兴的过程，伴随着民间文化艺术的发展与创新。多样化的民间艺术资源，丰富了城乡居民的文化生活，形成了文明乡风，坚持以民间艺术育民的理念，发挥了文化引领力、凝聚力和推动力。文化＋旅游的发展模式，也让民间艺术在罗店的发展路径更多元。镇党委、政府始终坚持将龙船文化作为推进新型城镇化建设与乡村振兴的战略引擎，把深化民间文化艺术之乡创建放在重要位置，推动龙船文化建设不断取得新突破。成立文化发展领导小组，党政领导亲自挂帅，形成了政府主导、全镇参与、全民共享的工作格局。将龙船文化纳入镇总体发展规划、融入乡村振兴各领域。统筹推进天平、远景、毛家弄等美丽乡村建设，将民间文化艺术元素融入农田、花田、设施，提高"罗店龙船"这张文化名片的含金量和美誉度，为乡村振兴注入了新活力。

罗店镇远景村道路两侧的罗店民俗画展示

助力乡村振兴　服务基层群众

——嘉定区深入推进文化科技卫生"三下乡"工作

中共嘉定区委宣传部

嘉定区以习近平新时代中国特色社会主义思想为指导，贯彻落实习近平总书记关于"三农"工作重要论述，以社会主义核心价值观为引领，深入推进文化科技卫生"三下乡"工作，助力乡村振兴，促进农业全面升级、农村全面进步、农民全面发展，营造关注农业、关心农村、关爱农民的良好氛围。

一、提高政治站位，推动惠农服务"常下乡"

嘉定区将"三下乡"工作作为全面实施乡村振兴战略的有力抓手和具体举措，加强组织领导、精心安排部署，每年举办嘉定区文化科技卫生"三下乡"启动仪式，做好外力推动，而且积极促进"互动"。每年累计农村放映电影近6000场，开展法律服务超6000场，服务农民近3万人次，举办科技主题活动超过230场，开展义诊超1800场，礼乐修身进农村服务项目服务超1万人次，推动工作下乡在乡，活动利农惠农。除在辖区内做好惠农服务"常下乡"外，嘉定区还与对口帮扶贫困地区建立联系，参与当地扶贫、支农服务，嘉定区中心医院曹文捷医生作为"青海久治光明行"医疗队队员，九年十赴对口医疗支援云南迪庆、西藏拉孜、青海久治、安徽六安等地进行巡回义诊。

嘉定区深入农村开展义诊服务

二、坚持求实创新，促进惠农项目"常在乡"

嘉定区坚持从农村实际和农民需要出发，以深化新时代文明实践中心建设

农民群众在"三下乡"活动中体验非遗美食

为抓手，让农民心动，而且使其"新动"。积极发挥各职能部门作用，深化拓展"三下乡"活动内容和形式，推动"三下乡"工作常态化、制度化。每年推出10项左右贯穿全年的"三下乡"服务项目，覆盖文化、医疗、科技、教育、司法等多个领域，推动工作提质扩面、提档升级。

2021年，承办上海市文化科技卫生"三下乡"暨"文化育农""科技惠农""卫生健农"集中示范活动。2022年，在马陆镇北管村建成全市首个新型农村电影放映示范点，为村民和外来务工人员送上丰富的电影文化大餐。

三、加强调查研究，促进惠农成果"常留乡"

为助力在全市实施乡村振兴战略中走在前列、作出示范，嘉定区"三下乡"工作重在持续行动，而且努力保持"律动"。围绕乡村发展、乡村建设、乡村治理、农民农村共同富裕等方面，整合带领百姓宣传团、百姓巡访团、志愿者等力量深入基层、深入群众，为全面推进乡村振兴提供强大精神力量。挖掘培育"三下乡"优秀工作案例。如"书香嘉定"图书服务项目通过区级图书馆、街镇级图书馆、"我嘉书房"、百姓书社、农家书屋、24小时街区智慧图书馆，共同织就公共图书馆服务网络，把浓郁书香送到基层、送到村居，获评2021年全国文化科技卫生"三下乡"活动示范项目。

我嘉书房

嘉定"老大人"：用志愿服务引领文明新风尚

中共嘉定区外冈镇委员会

"老大人"是嘉定农村对长者的尊称，通常是指阅历丰富、热心公益、办事公道的老人，是有较高威信的"长者"。近年来，外冈城镇化进程不断加速，村民"洗脚上楼"变成居民。从村落到社区的转变，不仅改变了老百姓的生活方式，也是对曾经老旧思想观念的一种巨大冲击。嘉定"老大人"始终不忘初心、牢记使命，坚持用习近平新时代中国特色社会主义思想武装头脑，着力培育和践行社会主义核心价值观，积极参与公共事务、化解邻里矛盾、解决居民问题的协商治理，充分发挥乡贤文化在矛盾调解、文明教化、凝聚人心等方面的独特作用。

一、健全工作机制，打造志愿服务阵地

从 2014 年起，嘉定区以各村、社区规范化建设为目标，形成了以"老大人"为核心，在镇、村、组三级倚重"老大人"等乡贤群体的志愿组织结构，从多个维度打造嘉定"老大人"志愿服务项目品牌。为了更好服务群众，2020 年，设立嘉定"老大人"聚贤堂新时代文明实践所，将"老大人"与"老大人"之间、"老大

聚贤堂职能展示

人"与居民之间的关系密切联系起来，为"老大人"打造了协商治理的枢纽式平台。

二、聚焦品牌效应，发挥示范带头作用

嘉定区以"老大人"聚贤堂新时代文明实践所为平台，延伸出不同功能的

"老大人"为企业员工送"福"

"老大人"志愿服务队，培育了百余名类型多样、功能多元的"老大人"。通过拍摄"老大人"代表马春元和杨勇的事迹微电影、汇编《"老大人"家训集》、开设"乡贤不闲"专栏分享精选案例等，不断加强"老大人"志愿服务典型事例宣传力度，深入打造"老大人"乡贤品牌，充分发挥典型引路、示范辐射带动作用，倡导优良作风建设。2023 年 12 月，在上海基层思想政治工作案例评选中，《嘉定"老大人"为新时代农村思想政治工作赋能》获评上海基层思想政治工作品牌案例。

三、注重内涵建设，放大基层治理能效

借助复旦大学当代中国研究中心、上海益联社会治理促进中心等平台资源，定期组织开展"老大人"队伍的培训，不断提高成员政治理论水平和协调能力，进一步强化担当意识。"老大人"是群众的"调解员"，是社会的"播音员"，是民情的"传递员"，他们走进田间地头、村居校园、园区企业、站点场馆，活跃在推进政府重大项目、

作为革命先辈吕炳奎的后人，"老大人"吕嘉卫在田间为学生们讲述红色故事

理论政策宣讲、文明实践、社区服务、文化服务、乡村振兴等各大领域，他们善于结合"硬政策""软道理"，用脚步丈量工作，让群众的呼声有了回响，诉求得到了回应，成为群众与政府之间的桥梁和纽带，让新时代文明之风吹遍村落、社区的各个角落。

让广富林文化生"根" 让城市文明实践生动

松江区国资委 上海松江新城投资建设有限公司

广富林文化遗址自 2018 年对外开放以来，始终以"寻根之旅"为线索、以"千年历史"为脉络，展现松江 6000 年来的演变和发展。近年来，广富林文化遗址深入挖掘"上海之根"历史文化、江南文化、红色文化，让建筑可阅读，让历史可触摸，让文化可感官，突出"两个结合"，积极培育和践行社会主义核心价值观，服务"人文松江"建设，助力"上海文化"品牌打造，弘扬上海城市精神品格，赓续城市文脉，提升城市软实力。

一、融入环境，营造氛围，注入城市精神品格新内涵

一是营造文明旅游氛围。在醒目位置设置公益广告景观小品、在道路两旁增加道旗和花草牌、在游客服务中心发放文明旅游知识宣传页，加强氛围营造，积极落实社会主义核心价值观宣传工作。二是开展文明实践活动。成立广富林文化遗址青年志愿服务队，积极开展秩序维护、游客问题解答、文明清扫等志愿

广富林文化遗址全体员工及志愿者为游客提供贴心服务

服务，为游客创造安全有序美丽的游园环境，以志愿服务深入践行社会主义核心价值观。三是融入城市文明元素。利用折页台卡、海报小横幅、电子显示屏等载体，把城市公益宣传有机融入各类场景，在传统节日、非遗市集等各类线下活动中融入社会主义核心价值观等宣传要素。

二、创新方式，精准服务，展现城市历史文脉新活力

"1921"红船党课

一是创新文明服务方式。累计拍摄发布 22 期《小林戏说》系列微视频，讲述广富林古今故事。积极利用遗址公共文化空间，开发"1921"红船党课、"我在广富林等你"特色党课等，为富林文化注入"红色"力量。二是精准服务群众需求，为群众办实事、办好事。以运营模式转型为契机，全面提升综合配套与服务水平。2021 年 6 月 1 日公共区域免费对外开放以来，已接待游客 400 多万人次。三是丰富市民文化活动。推出广富林灯会、考古研学、陶艺研学、山水露营、主题夏令营等各类以广富林文化为背景、具有广富林特色的文旅活动。利用传统节日和重大节庆，开展了 20 余场主题活动、民俗活动，丰富传统节日文化内涵，助力"人文松江"建设，展现上海市全域旅游特色示范区魅力。

推出山水露营等特色文旅活动

三、丰富载体，传承文化，打造城市文化品牌新名片

一是丰富社会实践活动，在考古馆举行"博物馆奇妙夜"沉浸式青少年文化体验活动，在古窑馆引进专业团队开展亲子游。与松江大学城各高校联合，将社会主义核心价值观建设的触角延伸入学校、社区、乡村等各个角落。二是搭建联系青少年的桥梁和纽带，联动周边学校的大、中、小学生，开展现场微

党课、沉浸式学习等活动，厚植青少年爱党爱国情怀。三是搭好文化展示平台。精心打造升级广富林文化遗址党群服务站，融合新时代文明实践、学雷锋志愿服务等资源，开展丰富多彩的文化活动。积极引入上海博物馆、赵氏工坊等文化资源，

广富林文化遗址党群服务站

为各类艺术文化活动搭建平台，不断擦亮广富林文化品牌，助力提升"上海文化"品牌影响力。

赓续历史文脉 提升城市品质

——赵巷积极探索"崧泽文化"品牌建设

青浦区赵巷镇

在党的二十大报告中，习近平总书记提出"推进文化自信自强，铸就社会主义文化新辉煌"。为深入贯彻落实习近平文化思想和习近平总书记考察上海重要讲话精神，赵巷镇积极响应，致力于探索"崧泽文化"品牌建设，以实际行动推动文化自信自强。

一、融入发展规划，活化崧泽文脉

开展史前探秘《崧泽文化的前世今生》专题讲座

赵巷作为 6000 年崧泽文化发源地，以"崧泽六千载，上海第一村"为建设主题，将崧泽文化融入崧泽村乡村振兴战略规划，着力打造长三角数字干线上崧泽文化的最佳体验目的地。崧泽小镇作为重点文化地标，是一个集文化、佛禅、双创、旅游、社区于一体的综合性平台，通过崧泽"一街""一岛""一禅院"的布局，重现崧泽市集繁荣景象，同时依托隆平寺佛文化，建设禅修民宿群和"隆平禅语"交流空间。此外，崧泽遗址博物馆依托总馆资源，联动周边力量，激活了崧泽文化的文化价值，成为讲述崧泽故事、传递文化内涵的重要窗口。

二、强化阵地建设，深化文化体验

赵巷聚焦阵地建设，以崧泽印象馆为核心，打造兼具互动、展示与休闲功能的主阵地，通过开展考古互动、文化展览与文创展售等多元化的服务活动，让公众近距离感受崧泽文化的魅力。将崧泽遗址博物馆作为联动阵地，已组织线下社教活动 35 场，举办临展 2 场，崧泽博物馆线上宣传发布微信推文 25 条，广泛传播崧泽文化的学术研究成果与历史故事。拓展周边阵地，依托公共文化内容供给，打造崧泽文化研学系列

在和睦村开展"寻梦崧泽　国风大赏"活动

之"文物修复课堂"，举办"巧手庆元旦　云上听崧泽"——文化管家崧泽文化 2023 年元旦特别活动，开展史前探秘《崧泽文化的前世今生》专题讲座，联合和睦村开展"寻梦崧泽　国风大赏"活动，延续崧泽文化精神。

三、整合各方资源，创新文化传播

大力推动崧泽文化创意产业发展，出版《何氏世医 1000 年》《在崧泽文化发源地》《崧泽村志》等书籍，印制崧泽文化科普绘本《崧泽发现之旅》，创作长青瓶、青竹亮节瓶等一批崧泽文化文创产品，成立翰墨崧泽书画院，启动"遇见·崧泽文化"文创项目，结合崧泽遗址博物馆十周年活动举办崧泽文化科普讲座、崧泽文化当代价值调研，启动崧泽文化视觉形象系统。充分挖掘赵巷名人，启动沈瘦东展示馆项目，联合专业协会、知名出版社等力量，对沈瘦东诗集书画进行收集挖掘与注释解读，计划出版《沈瘦东诗选集》。巧用线上新媒体宣传推

原创器乐合奏《崧泽馥》

少儿武术剧《传承》

广，依托"in赵巷"公众号大力宣传崧泽文化，设置"in赵巷·院线课堂"栏目，展播文创微电影《崧泽时代》《崧泽新时代》，创编以"崧泽文化"为背景的武术剧《传承》，原创器乐合奏《崧泽馥》，借助《解放日报》宣传报道《赵巷：6000年崧泽文化孕育全新"璀璨明珠"》，邀请专家做客话匣子直播，讲述崧泽文化发掘现场的故事。

"贤文化"主题展示园：以社会主义核心价值观阵地建设将宣传教育融入日常

奉贤区奉浦街道

党的二十大报告明确指出，"坚持依法治国和以德治国相结合，把社会主义核心价值观融入法治建设、融入社会发展、融入日常生活"。奉贤区贤园（"贤文化"主题展示园）充分发挥"家门口"的社区公园在社会主义核心价值观培育和践行上的重要阵地作用，推动"贤文化"与社会主义核心价值观融通，逐渐形成人民群众日学而不察，日用而不觉的共同价值观念。

一、将社会主义核心价值观融入景，营造浓厚氛围

加强自然与文化的融合。结合公园自然环境和"贤文化"底蕴，打造"贤文化"主题展示园。从园门口的巨大言子雕像，再到"思贤印""忆贤壁""诵贤墙""讲贤堂"，"敬奉贤人　见贤思齐"的"贤文化"元素与园内景观有机融合。加强历史与现代的融合。坚持以文脉传承为宗旨，加强本土历史文脉挖掘和保护，贤园中"思贤印"上的"贤"字，已经成为奉贤对外文化交流的名片。"诵贤墙"上记载的卫肤敏、卫泾、袁凯等一代代奉贤贤人的事迹，无一不彰显中华民族的传统之贤和奉贤民众传承的尚贤之风。加强生活与教育的融合。设置精巧、别致的价值观教育语录、故事、图画等，与公园环境融为一体，形成有利于弘扬社会主义核心价值观的生活情景和社会氛围，让社会主义核心价值观成为老百姓的生活情景、生活过程、生活方式的内在组成部分。

贤园的标志性景观：言子像

二、将社会主义核心价值观融入行，推动见行见效

开展感受"贤文化"主题党日活动

一是注重发现。围绕弘扬和践行社会主义核心价值观，举办"走'镜'奉浦·定格美好"摄影展，以纪实性、艺术性等多种表现风格，发现属于奉浦的自然之美、建筑之美、人文之美，累计收到投稿百余幅，共展出作品30余幅。二是注重整合。依托园内"讲贤堂"周边阵地资源，打造廉洁文化长廊，以释法明理、家风家训、清官廉吏、漫画说纪、廉洁作品为主要内容，打造具有浓厚清廉氛围的廉洁教育阵地。三是注重实践。以"贤文化"展示、生态科普、主题风情体验为特色，开展多样化的人文行走活动，引导市民群众感悟中华优秀传统文化，讲好奉贤故事，将社会主义核心价值观内化于心，外化于行。

三、将社会主义核心价值观融入情，凝聚奋进力量

加强宣传教育。持续放大"浦韵之声"宣讲团的影响力，积极探索"理论＋文艺""理论＋快板"等模式，围绕党的二十大报告等主题，深入践行社会主义核心价值观，累计开展主题宣讲800余场，参与10万余人次，切实让党的创新理论"飞入寻常百姓家"。加强铸魂育人。紧密结合本地青少年身心特点、成长规律和发展需要实际，开展"小丫跟党走"等游学教育活动，让青少年深切感受革命先烈们为国家民族的解放不畏艰难、牺牲一切的伟大品格。加强活动创新。2023年，创新推出"668贤韵汇"项目，通过"新侨智趣""玫瑰少年""爱聚家公益集市"等市民体验活动，将文明风尚递进千家万户，推动社会主义核心价值观转化为人们的情感认同和行为习惯。

"668贤韵汇"活动现场

"上海市民文化节"打造千万市民共享的文化盛宴

上海市群众艺术馆

上海市民文化节自 2013 年举办以来，在服务广大市民群众的同时，坚持价值引领，成为弘扬中华优秀传统文化、培育社会主义核心价值观的重要载体。

市民文化节通过持续举办中华古诗词大赛、中华优秀传统文化知识大赛、中华语言文字大赛、中华经典诵读大赛等市民大众喜闻乐见的活动、竞赛，让市民在阅读、理解、运用、演绎和创作中，重拾中华优秀传统经典的学习兴趣，播撒中华优秀传统文化的种子，

2024 年上海市民文化节"城市美育日"主题活动
暨上海市群众文艺大汇演

使其融入市民的日常生活，有效推进传统文化的普及和振兴。

市民文化节围绕重大历史性节点，先后在全市开展纪念"世界反法西斯战争胜利和抗日战争胜利 70 周年"群众文化系列活动（2015 年），"壮丽的丰碑"

2023 年上海市民文化节青少年美育竞演展示活动

上海市庆祝建党九十五周年群文系列活动（2016 年），庆祝改革开放 40 周年"我们这五年""回望四十年""潮涌上海滩"三大主题板块知识大赛（2018 年），"礼赞新中国，讴歌新时代——庆祝新中国 70 周年华诞"诗歌征集活动（2019 年），庆祝全面小康圆满收官"全面奔小康"知识大赛

和"侬好！小康"创意设计大赛（2020年），以建党百年为主线的市民红色故事大赛、城市广场巡展巡演、市民红色阅读推广活动（2021年），新征程·新奇迹——2022年上海市民文化节红色故事演讲大赛（2022年），"为城市歌唱"2023年市民文化节合唱大赛暨展演活动（2023年），"光荣之城"2024年上海市民文化节红色故事讲演大赛（2024年）等众多项目，不仅形成了高潮迭起、大气磅礴的纪念、庆祝氛围，更让爱国情怀激荡人心，激发群众永记历史、开创未来的豪情。

市民文化节关注普通市民的生活和亲情，把家庭当作参与文化活动的重要单元，按照"注重家庭、注重家教、注重家风"建设工作的要求，开展"家文化"系列活动，通过举办写家史、续家谱、议家训、树家教、传家风、说家事、秀家宝、赛家宴等一系列活动，让好家风、好家训深入人心。

上海市民文化节中外家庭戏剧大赛

市民文化节联手电影、书展、艺术节三大节庆，弘扬"真善美"，推出了"电影中的真善美""阅读中的真善美""艺术中的真善美"系列征文活动，邀请市民、网友们用文字记录一部电影、一本好书、一场好戏中的真善美，让市民在高高兴兴参与活动之余，还能有所沉淀、有所升华。

近年来，上海市民文化节先后荣获上海十大新闻、上海十大社会治理创新项目、全国文化馆优秀品牌项目、打响"上海文化"品牌最受市民欢迎案例和最具影响力案例等荣誉。

上海市民文化节"曲苑芬芳"曲艺大赛

提供全民美育课堂　满足艺术普及新需求

上海市群众艺术馆

近年来，上海市民艺术夜校每学期的报名火到"秒杀"，获得《人民日报》头版关注点赞，并一度登上热搜。中央电视台、《人民日报》、《解放日报》等近30家媒体对项目多次报道，"价格公道、师资专业、服务优质"的口碑受到广大中青年的关注和肯定。"市民艺术夜校"是上海市群众艺术馆以"人民城市人民建、人民城市为人民"重要理念为引领，着力培育和践行社会主义核心价值观，于2016年面向全市推出全民艺术普及的重要项目。因师资配备专业、课程门类丰富，时间安排恰当，需求精准对接，深受年轻人欢迎。被评为2022年度上海市政府"为民办实事"项目，2023年市委"民心工程"。几年来共推出1886期课程，线上线下受众约50万人次。

一、创新办校模式，延伸服务半径

根据中青年参与特点，设计每周一至周五晚上7点至8点30分的课程安排。探索低价收费的服务模式，即面向18至55周岁中青年人群推出500元12次课的公益课程。构建"总校+分校+教学点"体系，在市群艺馆总校外，设立区文化馆、街镇文化活动中心等28个分

上海评弹团教学点授课

校，创新打造美术馆、图书馆、专业院团、商圈楼宇等250个教学点，打造就近就便参与文化艺术服务新空间。

二、引入优质内容，提升服务品质

江南点心班

市民艺术夜校合计开设 680 门课程，涵盖了音乐、舞蹈、曲艺、美术、书法等各类艺术领域。在零基础入门班的基础上，创新推出多门课程的进阶版，满足不同层次学员需求，并探索开设了外籍人士可参与的系列课程，有力地通过夜校传播中华优秀传统文化，传播和弘扬"开放、创新、包容"的上海城市品格。市民艺术夜校还在上海数字文化馆上开通了 100 门免费的"云体验"课程，同步推出音乐、舞蹈、戏剧、曲艺、书法、美术、摄影、国学、非遗等 9 大门类的线上课程。同时实现线上线下"两条腿走路"，开设线上直播课程扩大覆盖范围。

三、优化工作机制，整合专业资源

建立由市文化旅游局和 16 个区组成的联动机制，定期召开联席会议。优化教学管理机制，明确学制管理，并和市场艺术培训形成错位。推进教学评估机制，与上海教育评估协会合作，开展课程及管理服务的抽样评估。通过问卷、走访、座谈等方

皮影戏班

式，梳理受学员关注度高的热门课程，与第三方专业机构开展合作，整合专业院团、院校、社会专业机构等优质课程资源，共同研发课程。

东方卫视《斯文江南》传递江南文化之美

上海广播电视台东方卫视中心

自 2022 年起，东方卫视《斯文江南》节目通过文本围读的形式，彰显主流卫视的使命责任与文化担当，坚定文化认同与文化自信，向文化致敬、向经典致敬、向先贤致敬。节目通过"演读＋围谈"的双叙述方式，生动诠释了江南文学经典中的历史精神和智慧，让记忆久远、深沉厚重的优秀传统文化脉络精神，在新时代得以立体鲜活、生动别致地再现。

一、演读与围谈，向中华文化寻根

演读二元结构。演读，是对传统诗词诵读的一种现代翻新。拆分演读二字，既有演的画面，也有读的声音。而在这组"演—画""读—声"的结构元素之中，节目组进行更灵活、更多元的编排，有相对传统的边演边读、声画同步；有演员完全进入情境表演，配上读的画外音；还有两个演员搭对手戏，既有"演"的你来我往，也有"读"的琴瑟和鸣。以围谈观照古今。中国文人自古以来好雅集漫谈，而《斯文江南》所设置的新围谈，更在于能对现代生活有启迪。《斯文江南》在带领观众探寻江南文化的深厚底蕴与独特魅力的同时，通过对文学经典的围读为观众带来观照生活的现实意义与人文关怀，让更多人找到面对生活的勇气和智慧。

《斯文江南》第三季海报

二、江南文化的传承与发扬

江南美学的集大成者。节目选取的文本，从序跋尺牍到唐诗汉赋，无一

《斯文江南》实景舞台

不是描绘江南的经典，从"烟花三月下扬州"到"江南好，风景旧曾谙"，用文字勾勒江南。为营造真实的江南美景，节目组搭建了360度可旋转的实景舞台，将水乡、书院、街市，完美呈现给观众。在音乐方面，节目组也邀请了国家级器乐演奏家加盟，古筝、古琴、洞箫还原最古色古香的江南音乐美学。《斯文江南》还考证了古人的礼仪，每次开场都会让嘉宾念出各自的名刺，以展现文人礼仪之美。江南精神内核的集中体现。《斯文江南》用深入浅出的方式讲述经典文本里的中国故事，也主张以现代的视角和生活的感知，来体悟江南文化对大众精神的深层滋养。从陶渊明的避世隐居到鲁迅的执笔如刀，节目在解读名人巨匠们的生命智慧和信念指引时，彰显出蓬勃的时代生命力。

三、赋能长三角文旅势能

文化节目耦合长三角文旅潜能。三季节目以来，节目携手43位演读人，游历11座江南历史文化名城，将名人典故、经典文集、名胜古迹有机融合，呈现江南全景式风貌。拓展文旅全产业。开播的第三季节目，节目组更拓展到文旅风物的多维度推介，如黄山非遗瞻淇

黄山瞻淇鱼灯非遗传承人汪近午展示鱼灯工艺

鱼灯、歙砚，扬州非遗绒花、漆器，上海启明楼、左翼电影等等。

踔厉奋发，奋楫前行。《斯文江南》系列节目荣获了国家广电总局"2022年年度广播电视创新创优节目"称号，国家广电总局"中华文化广播电视传播工程"重点项目，第28届上海电视节白玉兰奖最佳综艺节目提名奖等荣誉。未来，《斯文江南》节目组将继续弘扬社会主义核心价值观，讲好中华文脉，江南故事。

春风化雨佑健康　海派中医文化进校园

上海市中医文献馆

"海派中医文化进校园"是上海市中医文献馆连续六年打造的青少年中医药文化科普项目。它融合"中医拾趣"校园课程和"中医生活美学"美育课堂，营造立体式的中医药文化氛围，引领青少年形成对自我、社会和自然的整体认识。

一、扎根校园，开设"中医拾趣"课程

"中医拾趣"课程，每周以固定课时的形式，由中医科普专家线下进校园授课。至 2023 年底，累计授课 400 余场，线下覆盖人数超 16000 人次。播下中医种子。小学生的"中医趣味"课程，通过手触、口尝、鼻嗅、眼观等体验式教学方式，理解中医药四气五味、寒热温凉的相对性质。指导"顺时而生"的生活规律，体会"大医精诚、博爱济众"的医者仁心，在唱游中享受五音疗法在情绪上的舒缓。探究中医智趣。面向初高中生的"天下第一方"中医药探究课程，将中医药知识普及与基础教育拓展性课程有机衔接，使中医药文化兼具教学需求和趣味性。通过学习，掌握中医辩证思维、学会辨识体质、参与中草药炮制、树立对生命的尊重。

中学生在"中医拾趣"课堂上学习使用戥秤

二、融入生活，营造"中医美学"

潮玩中医体验。研发 5 大中医主题沉浸体验："但得艾中趣""导引调神气""医传香外意""茶中有真意""澄心须静观"，将传统文化和时尚潮玩融入衣食住行。学习节气养生。在上海大世界举行"小小节气体验官"活动，在立秋节气用杆秤、绳扎等传统方法打包冬瓜薏米茶，充满仪式感。推出"趣说节

上海市中医文献馆录制的趣说节气短视频《春分》

气"儿童短视频，用童言童语讲述养生道理。配套大师课程。2023年举办中医大师班8次，中医名家就"甲流的中医防治""中医与AI"等热点与青年面对面交流。每月第四个周六，与艺术家工作坊联合开展面向青少年的"天下第一方活字印刷"课程。每周日上午在直播平台上举办中医经典读书会。

三、守正创新，推广中医药非遗

开设非遗课堂。2023年上海市中医文献馆入选社会大美育和非遗学子行课堂单位，每周开设面向青少年的非遗讲座和体验活动。定向邀请上海中学国际部、上海大学悉尼工商学院等参加蔡氏妇科疗法的篆香体验。寒暑假开设"方氏针灸"青少年近视的中医防治体验活动6场。举办定向赛事。上海市中医文献馆承办中医药非遗城市定向赛，38组亲子家庭打卡6处黄浦区内中医药非遗保护单位。连续六年入选上海城市定向赛点标单位，接待超过3000人次体验中医药非遗。聚焦国际交流。2021年起上海市中医文献馆连续承办上海国际青少年互

暑假举办"少儿近视的中医药防控治"科普专场

动友谊营的"非遗体验"活动，为来自不同国家的"洋学生"展示了具有代表性的传统医药非遗项目。

三　实践养成

汇聚正能量　讴歌新时代：
市民"微"电影创造"大"感动

中共上海市委宣传部

为深入落实《中华人民共和国爱国主义教育法》《新时代爱国主义教育实施纲要》，在培育践行社会主义核心价值观工作中进一步贴近群众、贴近生活、贴近实际，上海以大众喜闻乐见的微电影传播形式为载体，以接地气、讲真情的市民创作为路径，在全国首创推出主题鲜明、形式多元的市民微电影（短视频）主题活动。

自 2014 年起，已连续举办 10 届上海市民微电影（短视频）主题活动，共征集到 8000 余部彰显时代、感人至深、制作精良的微电影作品，用光影述说城市变迁、再现英雄故事、传播高尚品格，总点击播放量超 7.6 亿。2016 年被中宣部评选为"宣传思想文化工作优秀案例"，共有 30 余部作品荣获中宣部大赛奖项。在全市上下广泛参与和坚持不懈的努力下，上海市民微电影主题活动已成为上海弘扬社会主义核心价值观的鲜活实践，成为上海重要文化品牌。

一、聚焦时代精神，体现思想性

市民微电影主题活动分别围绕"中国梦·申城美——追梦人的故事""走向我们的小康生活""生命中的红色""奋进新时代""我眼中的文化自信"等主题，生动展现了上海广大干部群众牢记习近平总书记对上海的殷殷嘱托，在开创各项事业发展新局面的进程中，肩负起时代使命，奋发有为、比学赶超，创新创业、追逐梦想的生动实践和凡人善举，记录下市民群众执着追梦、实干圆梦的感人

第九届上海市民微电影（微视频）主题活动海报

故事，传递了向上向善的价值追求，弘扬了上海城市精神和城市品格，推进了全社会的价值认同和自觉践行。利用微电影新兴媒体载体，用光影述说城市变迁、再现英雄故事、传播高尚品格。充分发挥互联网传播优势，浸润着更多人的心灵，汇聚成礼赞新中国、奋斗新时代的前进洪流。

二、发挥主体作用，体现群众性

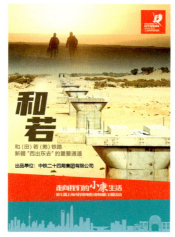

第七届市民微电影金奖
作品《和若》海报

在组织发动上，着重宣传推广、渠道拓展、广泛动员，通过全市 16 个区及各大口工作党委发动，突出地区特色和行业优势开展微电影创作。在主题创作上，聚焦市民生活、先进典型、中华优秀传统文化等开展精品创作，如金奖影片《上海的温度》系列微电影，把镜头对准各行各业的一线劳动者，诠释着上海的城市精神与人文情怀；《"无言"的秘密》《薪火》，聚焦法医、消防员等默默奉献的行业先锋背后的故事；《宣誓日》讲述三代党员的赤诚信仰……以百姓视角折射时代发展，用多彩镜头聚焦凡人善举。

三、健全常态机制，体现长效性

发挥新闻、理论、文艺、社会宣传优势，网上网下联动，市区一体联合发力，形成广泛动员、精品创制、成果评选、宣传展映的常态工作机制。积极推动市民微电影优秀作品在电视台、新媒体、户外大屏、新时代文明实践中心等平台展播，促进实现多平台、全方位的微电影宣传集群效

"逐梦新时代"上海市民微电影节活动现场

果。同时依托文明创建组织网络，将优秀微电影制成光盘，配发至全市文明社区、文明单位、文明校园等，作为文明创建中干部群众素质培训的本土教材。

垃圾分类我先行　共创文明新风尚

上海市精神文明建设办公室

自 2018 年习近平总书记考察上海时提出"垃圾分类工作就是新时尚"以来，上海市文明办结合新时代文明实践志愿服务工作助力完善垃圾分类工作体系，累计发布垃圾分类服务项目 2.76 万个，招募垃圾分类志愿者超过 71 万名，累计服务时长超过 4000 万小时。同时，与市绿化市容局紧密联手，结合新时代新风尚系列活动，指导各区在垃圾分类工作中聚合力、聚民智、聚人心，在建设新标准、打造新样板、践行新时尚上不断取得新的成绩。

一、以宣传引导聚人心，倡导垃圾分类新时尚

依托新时代文明实践中心等阵地载体，用心用情做好宣传引导工作，推动文明实践春风化雨，时代新风浸润人心。一方面，注重创意宣传，持续推出公益广告、文艺作品、音乐视频、卡通形象、连环漫画、文创产品等各类宣传品，开发针对"幼、小、中"不同阶段未成年人特点的垃圾分类课堂教材，强化线上线下同频共振，广泛开展垃圾分类知识宣传普及。另一方面，注重先进典型示范引领，选树"上海市垃圾分类优秀志愿者"60 名，带动广大市民群众将绿色低碳生活理念见微、见实、见行。

虹口区居民参与环保公益市集活动

二、以文明实践聚民智，打造美丽家园新样板

结合新时代文明实践活动，因地制宜探索新鲜经验，打造"随手拍、随手改""暖心之家""社区环保花园""大手牵小手、垃圾分类向前走"等特色品牌

凌云街道"小小志"垃圾分类讲堂

项目，引导广大市民群众积极投身低碳知识宣讲、垃圾分类引导、厨余垃圾循环、旧衣物回收利用等文明实践行动，推动"金点子"转化为基层治理"金果子"。例如，徐汇区凌云街道梅陇三村曾是人见人烦的"垃圾小区"，"绿主妇"志愿服务队结合文明实践活动，打通回收链，建立编织社、酵素坊，实施"家庭微绿地""循环超市""一米绿阳台"等项目，用干垃圾做成工艺品，将湿垃圾自制酵素种植的绿色蔬菜送上居民餐桌，使"垃圾小区"变身居民引以为豪的"美丽家园"。

三、以制度保障聚合力，建立志愿服务新标准

居民参加垃圾分类科普活动

为确保垃圾分类工作形成长效常态，各区建立了新时代文明实践中心统筹规划、志愿服务中心组织实施、志愿服务队伍各展所长、志愿服务站点承接落地的文明实践运行机制，进一步完善市、区、街镇、居（村）委、小（社）区"三级管理、五级队伍"的生活垃圾全程分类志愿服务工作体系，并制定发布一系列工作规范，建立了"有管理、有场所、有队伍、有规划、有注册、有形象、有培训、有品牌"的"八有"志愿服务组织建设标准，形成了投入保障、规范运作、协同联动、激励嘉许、品牌培育等工作机制，确保垃圾分类志愿服务工作在基层落实落细。

深入开展市民修身行动
广泛践行社会主义核心价值观

上海市精神文明建设办公室

上海市创新路径，将社会主义核心价值观建设与中华民族传统"修身"文化相结合，于2016年启动实施市民修身行动，广泛开展各类生活化、接地气的主题宣传教育活动，引导市民修身律己、齐家明礼，打造与国际文化大都市相匹配的市民文明新形象。

一、注重阵地建设，织密线上线下网络丰富活动载体

夯实现有的爱国主义教育基地、红色文化场馆、科普活动基地等传统阵地，培育一批市民修身教育培训和主题实践基地。拓展新时代文明实践中心等修身新空间，聚焦市民参与和文明养成开展修身活动。顺应数字时代需求，打造网络修身平台，影响带动市民群众广泛参与网络文明建设，

2024年上海市未成年人修身励志讲堂巡讲

在上海学习网、东方网、干部在线学习城等网站开设市民修身专题网页，开发体验平台，探索修身活动激励机制，吸引市民积极参与。

精神文明建设更好服务人民城市建设圆桌对话

二、注重教育引导，推动核心价值观内化为市民精神追求

市民修身行动注重以文化人、以文育人，通过展览展示、宣传宣讲和日常培训推动理想信念教育制度化常态化。灵活运用宣讲报告、新闻报

道、文艺作品、公益广告等形式，多角度多层面塑造先进典型的鲜活形象，强化典型示范引领。广泛在户外移动电视、IPTV平台等开设"文明上海"宣传专栏，开展"人民城市人民建""城市软实力"等主题宣传，举办城市文明思享会、Tell+Shanghai舞台式演讲等活动，讲好城市精神品格故事等。

三、注重实践养成，引导市民自觉主动开展自我教育

创新依托"五个一"活动，包括鼓励市民每年参观一个修身点位、体验一场文化活动、参加一场主题讲座、阅读一本经典书目、参与一次志愿服务等，广泛开展各类修身实践。市精神文明办牵头，会同市级各相关主管单位，联动各区，持续深入开展文明用水、文明餐饮、文明交通、文明旅游、文明养宠、垃圾分类、移风易俗、诚信教育等文明风尚专项行动，引导市民争做文明风尚的培育者、美好生活的创造者。

四、注重氛围营造，不断增强活动的吸引力和影响力

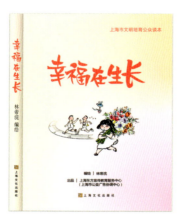

《幸福在生长》图书封面

运用报刊、广播、网络、移动视频等各类媒体，强化立体宣传。例如，以丰子恺漫画通稿作品、丁聪漫画公民道德系列主题作品等为主要内容，推出《幸福在生长》上海市文明培育公众读本、《学以修身 习以养德》核心价值观公益广告记事簿套组，广泛宣传文明行为规范。组织"网络文明能量大放送——海派修身达人秀"等活动，通过广泛发动各区群众自发组织创排节目，以真人真事、真情实感呈现市民修身文化与修身成果。同时通过持续开展"申城行走 人文行走"主题实践活动，形成了红色文化、海派文化、江南文化等特色鲜明、内涵丰富的整体布局。

"我们的上海"城市文明风采季助力培育时代新风新貌

上海市精神文明建设办公室

为深入贯彻党的二十大关于精神文明建设的重要部署，充分发挥群众性精神文明创建活动在人民城市建设中的积极作用，市精神文明办推出"我们的上海"城市文明风采季，创新平台载体、广泛整合资源、展示创建成效、弘扬时代新风，为城市建设发展注入正能量、增添暖色调、激发精气神。

一、突出主题主线，弘扬时代新风新貌

开展"我们的节日·精神的家园"传统节日文化活动，"我们的上海·我的家"图文征集活动，弘扬中华优秀传统文化和传统美德。组织全市文明单位党的二十大代表，录制"与文明同行——上海市文明单位学习宣传贯彻党的二十大精神专题视频"，在各文明单位开

我们的节日·端午节龙舟赛活动

展线上展播。组织"新时代好榜样"主题巡展，网上网下联动，增强先进典型的引领示范能级。持续推进农村移风易俗，组织开展集中宣传月主题活动，推动文明乡风建设取得新成效。深化市民修身行动，持续开展文明餐饮、文明用水、文明交通、文明养宠、文明旅游等专项工作，每年推出各类活动300场左右。组织"新时代好少年"学习宣传、"弘扬伟大建党精神，培育时代新风新貌"未成年人文明实践等，引导广大青少年树立远大理想，努力全面发展，践行文明风尚。

二、围绕中心大局，落实"四个更好服务"

推动全市文明单位、文明行业以文明创建为抓手，积极提质增效，更好服务高质量发展。例如，电力行业结合文明创建，持续抓好优化电力营商环境，全力服务"双碳"目标落实；全市科技系统文明单位坚持以精神文明之力铸科技创新之魂，以文明创建的高质量助力科学研究的高水平，全力推进航空航天、大飞机、超强超短激光、脑科学等国家重大战略，更好服务科技创新突破。扭住文明城区创建这个"龙头工程"，创新推出"文明城区，创建为民"实事项目，从弘扬城市精神品格、丰富市民文化生活、创造优良人居环境、深化城市精细化管理、提升基层治理效能 5 个方面，2023 年推出 186 个实事项目，涵盖老旧小区加装电梯、菜市场改造升级等诸多民生内容。在上年工作基础上，2024 年将参与对象从各区延伸至全市各街镇，推出实事项目 357 个，包括区级 174 个、街镇级 183 个。

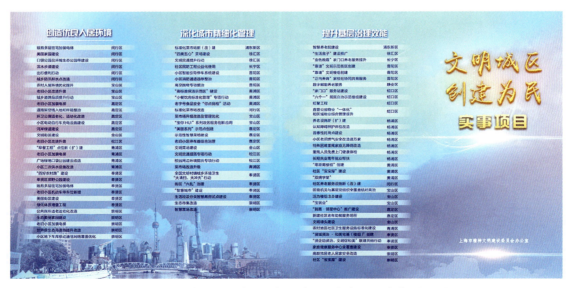

上海市 2023 年"文明城区，创建为民"实事项目清单（部分）

三、注重协调联动，创新同创共建格局

发动全市各地区、各系统、各部门、各单位共同参与，从不同领域入手各展所长，全面展示文明创建围绕中心服务大局的实际成效。借助同创共建平

台，促进"条"与"块"、"条"与"条"间的结合融入，更好整合资源、力量和平台，使活动主题更正、形式更多、内容更新、效果更实。市精神文明办与《解放日报》《文汇报》《新民晚报》以及上海广播电视台融媒体中心和东方广播中心、澎湃新闻网等市级主流媒体

2023 年《解放日报》"文明创建巡礼"专栏

签署"深化同创共建，弘扬时代新风"战略合作协议，探索建立媒体深度参与文明创建的长效机制。推动全市公益广告阵地联动，在地标性建筑和重点区域集中推出城市文明风采季标语口号，拓展精神文明宣传教育的覆盖面，增强影响力。

"中国梦·劳动美——人民城市　奋斗有我"
上海职工直播课堂

上海市总工会

2020年10月，上海市总工会正式推出"中国梦·劳动美——人民城市　奋斗有我"上海职工直播课堂，经2021年改版，成为上海职工思想政治引领工作品牌项目，引领广大职工为上海"五个中心"建设团结奋斗。

一、打造网络平台，创新教育模式

上海职工直播课堂现场互动提问

市总工会始终致力于将直播课堂打造成工会系统富有感染力、吸引力和社会影响力的品牌项目，成为展示上海城市精神品格和弘扬上海工人阶级品格的重要窗口。"课堂"多元化，让职工"愿意听"。通过线下课堂同步网络直播的形式，在各级各类网站以及微信、微博等平台开设线上直播间，打造工会宣传思想工作的线上线下双阵地。"授课"多维化，让职工"听得进"。采用访谈模式，并引入 TED 演讲、嘉宾论坛，以专家劳模主讲、主持人访谈、现场观众互动、直播间留言提问等形式，配以视频、图片等丰富素材，讲述故事，分享经验，增强活动的吸引力、参与率和生动性、有效性。"课件"多样化，让职工"记得牢"。剪辑视频课件进行课后二次传播。在阿基米德、话匣子、人民网、看看新闻等平台上线文字（视频）回看。运用传播力更强、传播速度更快的短视频方式制作"微"课件。截至2024年6月，已累计举办20场活动，线上线下受众近2700万人次，场均收看达134.8万人次。

二、聚焦时代主题，弘扬"三个精神"

以大力弘扬劳模精神、劳动精神、工匠精神为主线，邀请劳模工匠走进红色场馆、地标性建筑，聚焦时代主题讲好"三个故事"。一是讲好红色故事。在党的初心孕育地渔阳里，追溯信仰之源；在中共二大会址纪念馆，寻找奋斗钥匙；在沪西工人半

上海职工直播课堂职工线上线下聆听劳模分享

日学校旧址，带领职工聆听这所特殊学校的红色记忆。二是讲好发展故事。在上海解放纪念馆，开讲"薪火传初心　建功新时代"沉浸式党课；在杨浦滨江"人人屋"党群服务站，和广大职工一起见证跨越时空的历史变迁；在浦东开发开放30周年大会召开之际，展望而立浦东启新程。三是讲好劳动故事。感受医药劳模在奋斗中体现出的上海速度、上海精度、上海高度和上海温度，聆听嘉定劳模"新奋斗，新样板"的故事……3年来，共有52位劳模工匠、12位五一劳动奖章获得者、12位优秀职工代表走进直播课堂。

三、整合内外资源，形成同城效应

注重构建内外上下联动、多主体共同参与的传播体系，探索做实做活职工思想政治工作的有效路径。一是积极引入媒体专业力量。由广播电台专业团队现场拍摄和直播，提升活动专业度。邀请著名主持人担任访谈主持，通过广播电台《直通990》转播活动音频，不断扩大社会影响力。二是有效整合工会优势资源。利用工会系统阵地网络优势

全国劳模黄宝妹参与直播课堂分享

赋能活动宣传，市总官网、"申工社"公众号、劳动观察 App 等工会宣传平台同步开展活动预热和直播。各级工会分享转发活动海报、组织职工集中收看。三是充分激发基层工会活力。通过市总工会主办、各基层工会承办的模式，让更多具有区域、行业特点的课堂内容精彩呈现，调动基层工会工作积极性、主动性，让"思政课堂"真正来到劳动一线，走到职工身边。

与时代同行　与城市共进

——传旗修身行全市服务项目

上海市妇女联合会

2023年10月30日，习近平总书记在同全国妇联新一届领导班子成员集体谈话时强调："以中国式现代化全面推进强国建设、民族复兴伟业，需要全体人民团结奋斗，妇女的作用不可替代。"市妇联开展传旗修身行全市服务项目，打造以思想引领、文化供给为主要内容的精品课程，举办赋能女性成长成才的创新系列女性教育活动，原创出新出彩的网上正能量产品，发挥女性示范引领的作用，引导她们把个人的理想追求融入党和国家事业之中，激励她们与时代同行、与城市共进。

一、坚持思想引领，推动巾帼大宣讲入脑入心

深耕巾帼思政品牌，成立红旗手讲师团。多元化组建。讲师团队伍中有胸怀"国之大者"的奋斗者，有巾帼不让须眉的女匠人，有奋战一线的服务明星，有玩转新媒体的领军人物，也有大众创新、万众创业中涌现出来的企业家，她们是上海经济社会发展中具有时代性、先进性、代表性的杰出女性。菜单式选课。针对妇女的思想状况和关注点，按需输送主题，形成"理想信念""科技创新""城市建设""创业发展""智慧人生""红色文化"等类别近百个主题的宣讲菜单，基层按需点单，形成讲师团的"时间表"和"路线图"。全渠道宣

巾帼大宣讲走进田间地头

讲。讲师团进机关事业单位、田间地头、学校社区家庭、各类新经济组织和新社会组织、网站等，开展分众化、对象化、互动化的巾帼大宣讲。6年来，线上线下开展 8.4 万余场巾帼大宣讲，覆盖逾 1600 万人次，用思想把妇女"联"接起来，引领她们与党同心同行。

二、坚持服务引领，促进女性教育落实落细

上海女性创新学校走进中国商飞

以创新学校、创新课堂、创新讲坛三大平台为抓手，成就女性提站位、聚本领、强责任的跨界新学堂。打造没有围墙的校园。聚焦加快建设"五个中心"重要使命，带领各界女性走进行业龙头企业、市政工程现场、红色教育基地等开展创新性的跨界学习，深度领略改革开放以来各领域的伟大成就，有力带动她们强化责任担当，激发奋斗热情。开展体验式、沉浸式的教学。通过线上线下同步、视频直播互动的新模式，感知和体验中华老字号的创新理念，开展集海派文化体验、服务等功能为一体的综合性集市，让"小而精"的创新课堂深入人心。感受科技领域"饕餮"大餐。"她力量"讲坛作为上海科技节中唯一的女性论坛已连续成功举办 5 年，围绕习近平总书记提出的科技创新"四个面向"，邀请各界科技女性人才分享创新故事、交流创新成果、传播创新精神，展示科技自立自强道路上的巾帼之智、巾帼之力。

"她力量"讲坛在 2023 年上海科技节精彩亮相

三、坚持网上引领，彰显榜样力量振奋精气神

高质量建设"妇"字号融媒体舆论宣传阵地，凝聚上海妇女界的佼佼者，用榜样的力量传递最鲜活的社会主义核心价值观。加强媒体融合。打造线上精品音乐党课，助力大上海保卫战；开展"巾声有约"活动，号召巾帼志愿者用声音作品表达新思想、讴歌新时代、唱响新生活，同

讲师团走进高校，让青年学子品鉴昆曲之美

城接力持续发出妇联最强音。注重典型示范。拍摄传播"我奋斗　家国美"视频，奏响昂扬奋进主旋律，浏览总量706.93余万人次；征集展播100个"海上她故事"，讲述身边女性的奋斗故事、奉献故事，阅读和点赞量逾百万。深化价值认同。开展"十大女性新闻事件"评选，积极引导社会各界用社会性别理论的视角分析新闻事件，传播先进性别文化。

打造课程思政"复旦模式"
汇聚新时代三全育人生动实践

复旦大学

课堂教学是育人的主渠道、主阵地。复旦大学在全员全程全方位育人的学校大思政工作格局下，深入推进课程思政教育教学改革，体现"国家意识、人文情怀、科学精神、专业素养、国际视野"的复旦育人特色，实现价值引领、知识传授、能力培养的有机统一，促进人才培养质量的全面提升。

一、整体谋划，开创课程育人生动局面

学校坚持把立德树人融入办学治学、育德育才全过程，贯穿学科体系、教学体系、教材体系、管理体系，形成更高水平的人才培养体系。学校建立起党委统一领导、党政齐抓共管、教务部门牵头抓总、相关部门联动、院系落实推进、复旦特色鲜明的课程思政建设工作格局，实现校院两级有机联动，全校上下紧密配合，共同形成推进课程思政建设的工作合力。学校不断完善教书育人考核评价体系，为扎实推进课程思政建设提供坚实的制度保障与文化氛围。在全校共同努力下，学校已经构筑起以思政课程为核心，以综合素养课程、哲学社会科学课程为支撑，以专业课程为辐射的课程体系，形成从思政课程到课程思政的"圈层效应"。

"入耳入脑入心　同向同行同频：以思政课为核心的课程思政教育教学改革与创新"获高等教育国家级教学成果奖一等奖

二、分类施策，课程思政育人落地见效

学校以点带面"树标杆"，课程思政建设逐步从先行先试到全面深入推进。学校坚持高质量建设，定期评选学校课程思政标杆课程，加强先进典型的宣传

交流。学校分类施策"重专业",各类课程遵循教育教学规律,实现专业教育与价值观塑造相互促进、教书和育人相得益彰。加强培训研讨"出实效",不断提升教师育德意识和能力。学校课程思政建设名师名课涌现,共同绘就新时代课程育人奋斗群像。哲学社会科学课程努力构建中国特色哲学社会科学的知识体系、教材体系、教学体系。理工科专业课程弘扬新时代科学家精神,弘扬辩证唯物主义世界观,树立正确的科学观,培育科学思维与创新能力。医学专业课程围绕"健康中国"战略,以人文医学教育为载体培养有温度的创新型卓越医学人才。

学校课程思政建设成效显著,引领助力全国课程思政建设。2020 年,教育部在复旦大学举办"三全育人"综合改革实践与探索示范培训班,学校向参加试点的省级教育行政部门和兄弟高校推广介绍了复旦大学课程思政教育教学改革成果经验。2022 年,经由上海市政研会推荐的《课程思政"复旦模式":落实"三全育人"的新探索》入选全国基层思想政治工作优秀案例。学校 3 门课程及团队入选教育部首批课程思政示范项目,70 个项目入选上海学校课程思政示范项目。2021 年以来,学校评选课程思政标杆课程 139 门。

加强课程思政分专业培训指导

三、探索"思政大课"，树立课程育人全新标杆

学校深入学习习近平总书记对学校思政课建设的重要指示精神，遵循思政课的课程属性与实践规律，结合复旦的实际情况，从 2024 年春季学期开始，以"形势与政策"课程为载体建设"强国之路"思政大课，以首创性改革精神探索思政课改革新模式，全校思政教师和专业教师携手共同上好一门思政大课。课程以全面建设社会主义现代化国家的强国之路为主题，构建"学、思、践、悟"两阶四步教学体系，讲好大道理，用好大师资，建好大课堂，引领学生运用科学的世界观和方法论认识观察世界、分析解决问题，突出实践育人，厚植家国情怀，熔铸复旦魂魄，把学生培养成为新时代强国"行动派"。

2024 年 3 月 5 日，中国科学院院士、复旦大学材料科学系教授、光电研究院院长、红外物理学家褚君浩首讲"强国之路"思政大课

构建 1+36+X 红领巾团队　宣讲浦东故事

中共浦东新区区委宣传部　浦东新区精神文明办

浦东新区红领巾讲解员团队成立于建党百年之际，旨在号召广大青少年学生在党史学习和讲解实践中厚植家国情怀，坚定理想信念。三年来，讲解团队经历了从百人团到千人团再到"区级示范—36 个街镇覆盖—多元特色场馆拓展"的"1+36+X"发展模式，已经成为青少年参与文明实践，培育和践行社会主义核心价值观，积极宣讲党的故事、上海故事、浦东故事的生动实践范例。

一、线上线下精心培育先锋少年新团队

从首批优秀青少年"五四"试讲，到"红领巾讲解员"活动推出，区文明实践中心、区文明办、团区委、区教育局、区少工委等单位持续协同推进，进一步策划线上线下活动，发布招募信息，设置参与互动环节。同时将未成年人党史学习教育实践活动纳入常态化管理。

浦东新区红领巾讲解员在浦东展览馆为内蒙古团委参观团队讲解

二、校内校外协同打造党史学习新体验

新时代文明实践搭建学习讲台。提供集中学习场地、礼仪发声培训，围绕党史学习教育、学习贯彻落实党的二十大精神，针对青少年思政互动学习提供"马克思漫漫说"等优质学习资源。红色场馆单位共享阵地平台。从 10 个红色场馆作为文明实践特色阵地首批向红领巾讲解员开放，至今涵盖展览馆、名人故居、博物馆、公园、科普馆、美术馆等多元实践阵地。各级媒体串起展示舞台。浦东融媒体中心在基本功培训、示范视频拍摄等各个环节做好技术支持和保障；"学习强国"学习平台、市区两级媒体关注报道浦东新区红领巾讲解员学习实践活动，上海外语频道（ICS）特别报道了来自上海外国语大学附属浦东外国语学校的双语讲解队为浦东张江外籍志愿者团队开展党史专场讲解的相关信息。

红领巾双语讲解队为张江外籍
志愿者团队开展英语专场讲解

三、体制机制探索推动项目管理新模式

两级队伍扩展，培育品牌特色。区级团队逐年递增，通过人才、资源和项目的匹配，目前在红色宣讲基础上，还成立美育、生态、双语、城规、社科等专项讲解员团队。街镇及学校团队拓展辐射各具特色。

拓展学习阵地，提升综合素养。从志愿精神、形象气质、语言素养、专业知识、探究能力等各方面提升青少年学生的综合素质。以东岸滨江新时代文明实践带为依托，成立水岸故事宣讲队，引导广大未成年人讲好"一江一河"城市故事。

探索机制延展，深化"双减"育

红领巾讲解员为钱学森之子钱永刚教授讲述航天故事

人。组织方面，浦东新区红领巾讲解员通过队员招募、场馆拓展实现队伍和阵地的"双升级"；队伍培养方面，指导街镇、学校根据自身特色成立街镇级团队，并选拔优秀队员加入区级团队，实现平台建设和成长通道的"双升级"；讲解形式逐步从背诵转变为自主探究，实现学习展示和研学能力的"双升级"；探索成长评价机制，推动志愿服务和成长激励的"双升级"。

如今，"红领巾讲解员"已成为促进青少年全面发展、深化"双减"育人的品牌项目，为浦东青少年提供践行社会主义核心价值观，参与文明实践，宣讲党的故事、上海故事、浦东故事，弘扬中华优秀传统文化等精彩纷呈的社会学堂。该项目及其系列活动获得2021年度上海市志愿服务先进集体，2022、2023年度上海市未成年人暑期优秀活动项目，首届浦东新区青少年权益保护创新"十佳"项目等荣誉。

红领巾生态科普讲解队在世纪公园开展生态研习讲解活动

文明引领新业态

——"暖新巢"骑手驿站文明实践项目

长宁区新华路街道党工委

长宁区新华路街道深入贯彻新时代党的建设总要求，发挥文明实践组织动员的优势，不断加强对快递小哥、外卖骑手、网约车司机等新就业群体的关心关爱，推动新就业群体有效融入文明实践，系统打造文明引领新业态——"暖新巢"骑手驿站文明实践项目品牌。

一、注重党的引领，着力建强组织保障体系

2024年1月22日，"暖新巢"为新就业群体开展暖心接力快闪活动

开展摸底调研。畅通"骑手—党群联络专员—街道党工委"三级服务渠道，逐一排摸街道辖区内12个骑手站点、新就业群体500余人，其中，党员4人。选派党群联络专员4人，实现站点一对一服务。了解居住情况。通过基层党组织上门走访、小哥来报到等方式，了解居住在新华辖区的新就业群体共30多人。在新就业群体相对聚集的居民区打造"新领之家""小哥休息室"，助力社区融入，不断增强组织号召力、凝聚力和影响力。加强组织关怀。灵活组建流动党支部，依托社区党校等阵地资源，开展线上线下组织生活，引导就近就便参加集中学习和党内活动，通过制定党员活动本，定期参加骑手晨会，举办"十分钟学习课堂"等，形成浓厚学习氛围。

二、注重阵地建设，着力提升精准服务能级

空间融合解难题。发挥社区党群服务中心、新时代文明实践分中心阵地作用，打造"新领空间"，制定"骑手服务指南"，提供平价餐饮、冷暖空调、冷热茶水、书刊借阅、医疗急救、法律援助等12大类62小项服务，切实解决骑

手吃饭难、饮水难、休息难等现实问题。区域联动优服务。全面开放各类党群服务、文明实践阵地以及沿街银行、超市、小店等区域资源，打造"暖新巢"20余处。在特色站点配备医药包、有声阅读机、WIFI、"一网通办"自助服务机等设施。在6个快递前

2024年1月，辖区企业6个"两新"党组织代表在微心愿认领仪式上，认领了骑手们的微心愿

置仓配送学习书架、健康药箱、休息躺椅等"三件套"服务，发布调研问卷，汇总"骑手微心愿"。特色活动送温暖。针对骑手职业技能提升、维护合法权益等需求，街道工会及相关部门联合社区民警、医生、律师、消防等人士，开设"法律讲堂""情绪疏导课"等。以重要节日为契机，开展"新华是吾乡"系列送温暖活动，增强新就业群体的社区归属感。

三、注重平台搭建，着力健全治理运行机制

涵养一份担当。建立新就业群体志愿者队伍，组织骑手在走街串巷时开展文明寻访，鼓励随手拍、随时报，做城市文明的"公益使者"，目前已招募近30人。制定"新七不"规范，即倡导骑手不扰民、不乱停、不飞线、不逆行、不超速、不群租、不抛物，弘扬社会正能量。推动双向赋能。积极引导新就业群体履行社会责任，挖掘新就业群体青年中的"能人""达人"，发挥独特作用，参与社区巡防、反诈宣传、照料独居老人等志愿服务，探索建立新就业群体融入社区治理和民生服务的长效机制。汲取多方力量。建立新就业群体微信群，设置建议征集联系点20处，畅通渠道，动员参与基层治理。如，向骑手征集电动车集中规范充电、机动车停车等方案，筛选"金点子"3条；邀请骑手成为社区电动自行车安全治理"合伙人"，参与宣传、整治。

2023年2月3日，"暖新巢"骑手驿站的小哥们为居民送温暖

打造全域"大思政课"
"十百千万"聚力育新人

中共虹口区委宣传部

虹口是上海"党的诞生地"和"初心始发地"重要区域之一，被誉为"海派文化发祥地、先进文化策源地、文化名人聚集地"（以下简称"文化三地"）。为贯彻习近平总书记关于"'大思政课'我们要善用之，一定要跟现实结合起来"等重要讲话精神和中共中央、国务院印发的《关于新时代加强和改进思想政治工作的意见》要求，2021年党史学习教育以来，虹口充分开发利用"文化三地"资源，通过全域挖掘、全员参与、全程融入、全面提升，运用群众喜闻乐见的形式，积极打造全域"大思政课"格局。

一、整合资源，形成"十百千万""大思政课"格局

打造十二条专题学习体验线路，由区委党校教师担任线路主讲人，拍摄专题学习片。打造百个学习教育场景，用好"文化三地"资源，梳理全区84处

全域"大思政课"启动仪式

红色旧址、遗址及纪念场馆资源，编纂《虹口"大思政课"学习导览》等优质教材。打造线上线下"虹口思政大讲堂"。统筹全区各类宣讲资源，搭建"区—街道—社区"三级线下宣讲网络；发挥区融媒体中心作用，在"上海虹口"App搭建数字化服务平台，实现指尖上的

青年马克思主义理论家培育计划启动仪式
暨首场青年演播厅活动

思政教育。培育百名红色传讲人，举办全域"大思政课"红色传讲人培训班和"讲思政故事　做红色传人——虹口区'奋进中国式现代化新征程'微宣讲大赛"，发掘一批政治坚定、理论扎实、善学会讲的红色传讲新人。讲好千场思政课。扎实推进"现场课""讲台课""文艺课"学习，为全区开展思政学习提供坚实理论保障和思想支撑。实现万众受教育。将"大思政课"融入党员干部群众学习工作各个阶段，特别是干部入职晋升、吸收新党员、党组织换届、学校开学和各类群众性主题活动。

二、数字赋能，推动思政工作创新发展

打造"中共四大纪念馆元宇宙场景展区"，引进"元宇宙"科技概念，采用AR大空间互动导览，打造全国首个红色文化元宇宙展区，收录全市16个区、612处革命遗址旧址图文信息，虚实结合引导游客徜徉文化历史知识海洋。启动"虹口历史文脉数字管理系统"，有机融合传承区域文化、夯实红色档案等工作，建成历史文脉数字管理系统，与"一网统管"相联通，打造虹口区历史文脉可视化大屏，实现"一屏观全域"。打造虹口"大思政课"2.0版，依托"上海虹口"App，更新升级虹口"大思政课"专栏，增加VR观展、场馆预约、线上打卡等功能。

三、聚焦青少年思政育人，打造红色"行走课堂"

开展"为国站岗60秒、人人都是护旗手"主题活动

做好思政启蒙，举办"虹"色大寻访活动，组织青少年开展人文护照打卡活动，为全区近5000名小学一年级新生发放"人文护照"，鼓励学生走入区内红色地标、人文场馆，把爱国主义的种子埋入每个孩子的心灵深处。弘扬国旗文化，深化开展"强国复兴有我""五星红旗进万家""国旗下成长"群众性主题宣教活动，举办"为国旗添彩　我心中的2035—2050"全国中小学生艺术创作展示系列活动，征集全国十个省市超过3000件艺术作品投稿，活动浏览量88万余次。强化国防教育，在全民国防教育日当天，开展"为国站岗60秒、人人都是护旗手"主题活动，与边防军人"同屏站岗"，现场超4000名学生家长参与互动，让孩子深刻感受国防教育意义。

人民城市服务人民 低碳生活赋能新城再生

虹口区嘉兴路街道党工委

2023 年 5 月 21 日，习近平总书记回信勉励嘉兴路街道垃圾分类志愿者，强调要"用心用情做好宣传引导工作，推动垃圾分类成为低碳生活新时尚"。从"垃圾分类新时尚"到"低碳生活新时尚"，嘉兴路街道党工委把习近平总书记的殷殷嘱托转化为进一步提升工作的动力和务实举措。

一、低碳生活时尚节开启最美生活方式

开展低碳生活时尚节，以生活之美倡导低碳环保可持续的生活方式。围绕"打造低碳文化品牌活动""开启畅游低碳文化之旅""激发低碳街区无限活力"三大板块，开展闲置物品循环公益市集、自然观察亲子活动、再生时尚艺术品创作、生态艺术作品展等系列活动，

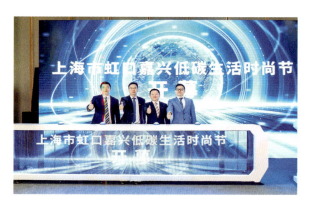

嘉兴路街道低碳生活时尚节开幕

以寓教于乐、喜闻乐见的低碳文化形态，推动低碳文化建设与海派文化、城市更新相互融合、相互赋能，链接社会组织、商圈联盟，吸引外籍友人、社区达

低碳生活闲置物品循环公益市集

人参加低碳生活时尚活动，构建低碳行动网络、传播低碳理念、共享低碳生活实践成果，探索符合人民群众需要的低碳生活方式，使低碳理念深入人心。自 2023 年 6 月起至 2024 年 6 月，累计举办低碳生活新时尚系列活动 37 场，参与人次约 22000 人。

二、主题论坛助力"碳"寻最美生活方式

2023年11月18日，"'碳'寻美好生活"主题论坛暨首届嘉兴路街道低碳生活时尚节开幕式在瑞虹天地举行，进一步探寻"低碳生活"和"美好生活"之间的关系。来自政府部门的代表、各行各业的精英以及专家学者、基层工作人员、业委会代表、居民代表荟萃一堂，对低碳生活、基层治理、志愿服务等话题发表真知灼见。论坛中，技术专家、企业管理者、时尚人士和居民代表围

"'碳'寻美好生活"主题论坛

绕"低碳背景下的美好生活""中国传统文化中的低碳理念或智慧"等话题畅谈理解和思考，分享"'碳'寻美好生活"的实践经验，并深入探讨了其中的难点要点，共同引导社区在全过程人民民主中探寻社区治理的答案，在不经意的细节末梢中引导生态文明的日常。

三、低碳生活赋能"新城再生"

回顾嘉兴路街道虹镇老街的历史，从老街到瑞虹新城的蜕变之路，不仅是一段地域性的变革，更是一段在党的领导下人民群众共同努力的奋斗史。在这个历史性的转型中，嘉兴路街道着重突出践行"人民城市"的重要理念和"推动垃圾分类成为低碳生活新时尚"的重要指示精神，发布《低碳生活新时尚实践区建设

"一瓶水的接力"社区低碳公益活动

三年行动计划（2024—2026 年）》。以基本实现街道全域碳达峰为目标，紧紧围绕本区碳达峰实施方案重点，开展包括低碳基础建设、低碳能力建设、社会参与建设、建筑能效提升、低碳能源发展、绿色交通、垃圾分类减量、全民低碳行动等八个方面实践工作，并通过推进建设户外电动汽车充电桩、推进辖区光伏路灯改造、建设辖区湿垃圾就地处置设施、试点推进近零碳学校改造、打造近零碳公园、建设零碳沿河慢行步道等十个重点项目，持续提升辖区资源利用效率和环境品质，培育绿色低碳的社区文化，初步养成绿色消费和低碳生活方式，以更好回应人民的期待，不断满足人民群众对美好环境与幸福生活的向往。

"三区联动"汇"大家" "四个百年"聚"讲堂"

——以"大家微讲堂"网红思政课积蓄信仰之力

中共杨浦区委组织部

为深入推动习近平新时代中国特色社会主义思想进社区、进校区、进园区，认真答好"创新两问"，杨浦有效发挥"三区联动、党建联建"优势，深度挖掘百年工业、百年大学、百年根脉、百年市政"四个百年"深厚底蕴，区域内复旦大学、同济大学、上海财经大学等高校人文资源和中国浦东干部学院、中共上海市委党校等专家优势，依托东方网、哔哩哔哩等互联网企业党组织平台和传播优势，于 2018 年打造"大家微讲堂"项目，至今已开展六季，共 58 讲，线上累计获得 950 万的直（点）播量。"大家微讲堂"品牌先后获评"全国基层思想政治工作优秀案例""上海市基层思想政治工作品牌案例""百优庆百年"上海城市基层党建创新优秀案例等。

一、以需求为要，建立"讲堂＋社区"思政教育师资队伍

针对园区、社区党员群众"解疑释惑"需求，因人制宜建立"大家微讲堂"师资队伍。一是建立需求双向配对机制。建立高校需求、社会需求双向配对机制，梳理高校思政、人文"大家"资源清单。复旦大学特聘教授、复旦大学中国研究院院长张维为，中国工程院院士、同济大学副校长吴志强等都曾担任"大家微讲堂"主讲人。二是建立社区政工师制度。在双向对接基础上，高校思政、人文"大家"与区域内各街道结对担任社区政工师，指导基层党建、社区党校、网格管理、楼道美化等项目，形成了《口述长海——从乡到城的改革记忆》等本土党史学习教育成果。

复旦大学特聘教授、复旦大学
中国研究院院长张维为授课

二、以内容为王，策划"基本＋创新"思政教育内容形式

充分运用大数据、数字孪生等手段，推动网络思政教育内容、形式、策划再创新。一是全方位调研，形成话题清单。依托哔哩哔哩弹幕网平台，全方位征集话题，探索由"灌输式"向"启发式""参与式""共情式"模式转变，引导青年党员带着政治责任学、带着历史使命学、带着问题导向学。二是全过程策划，打造网红党课。探索"剧场式＋追剧式"新模式，用嘉宾访谈、情境呈现、漫谈演绎等更生动的授课方式，增强思想引领性和受众黏合度。区机关80后、90后年轻干部认真学习党史，自编自演推出《如今的盛世繁华如你所见》剧说党课，仅新华网新闻浏览量就超过150万。

《如今的盛世繁华如你所见》剧说党课

三、以载体为基，拓宽"线上＋线下"思政教育传播路径

利用互联网传播即时性、互动性、可视性特点，让思政元素"溶盐于水"。一是线上网络直播互动。利用互联网传播"短、平、快"特点，以"单节课不超过50分钟，互动时间不少于20分钟"为模式，开展现场互动式教学。2023年第二批主题教育中，《党建引领228焕新蝶变"五治"　一体走出街区"善治"新路》结合工人新村历史，阐释70年不变"为了人民"的规划设计，就街区公约制定过程、组织实施的经验与观众分享。二是线下党建阵地凝聚。以区党建服务中心、杨浦滨江党群服务旗舰站为宣讲主阵地，在商圈楼宇、科创园区、网红地标、睦邻中心等设置直播分会场，为服务党员群众、凝聚人心奠定基础。"七一勋章"获得者黄宝妹在互联宝地党群服务站开讲，激发新就业群体的工作热情，美团小哥们纷纷表示"在杨浦找到了家、有了根"。

"七一勋章"获得者黄宝妹为美团外卖小哥授课

行是知之始　知是行之成

——宝山区打造"宝山少年行"未成年人社会实践活动品牌项目

中共宝山区委宣传部　宝山区精神文明办

为深入贯彻习近平新时代中国特色社会主义思想，落实立德树人根本任务，帮助未成年人"扣好人生第一粒扣子"，进一步加强和改进未成年人思想道德建设工作，2022年起，宝山区文明办积极探索新时代未成年人思想道德建设工作新模式、新思路，结合陶行知先生"知行合一"生活教育理念，创新打造"宝山少年行"未成年人社会实践活动品牌，助力未成年人健康成长，努力培养担当民族复兴大任的时代新人。

一、"学思行"主题学习，润心启智

将习近平新时代中国特色社会主义思想、党的二十大精神融入思政课，推动习近平新时代中国特色社会主义思想、党的二十大精神进校园、进教材、进课堂、进头脑。开展"学习新思想、做好接班人"主题学习活动，通过班队会、升旗仪式、读书会、演讲比赛、知识竞答等形式，重点宣传新时代的伟大成就和巨大变化。通过参加主题宣讲、读红色故事、看红色电影、诵优秀童谣、演红色经典等形式，把习近平新时代中国特色社会主义思想和党的二十大精神转化为学生听得懂、愿意听的语言，加强对广大未成年人的思想政治引领，引导未成年人坚定强国复兴有我的信心和决心。

学生开展"学思行"学习宣讲活动

二、"红途行"寻访体验，凝心铸魂

充分发挥宝山本土爱国主义教育基地的立德树人的教育功能，结合自身场馆特色开设未成年人特色课程，打造寓教于乐的实地寻访活动项目，引导和组织未成年人走进红色场馆，聆听红色故事，感悟红色文化，传承红色基因。在清明节、中国人民抗日战争胜利纪念日、全民国防教育日等重要时间节点，组织

学生在宝山烈士陵园开展"红途行"活动

青少年走进上海解放纪念馆、宝山烈士陵园、上海淞沪抗战纪念馆、"南京路上好八连"事迹展览馆等红色场馆，开展情景式、体验式"红途行"活动。各单位、街镇、社区、学校利用寒暑假等假期，组织未成年人赴爱国主义教育基地、科普文化场馆、传统文化研习基地等开展"红途行"活动。

三、"行知行"劳动教育，育心促行

充分挖掘社会劳动教育资源，开发包括区域共享精品课程及校本特色劳动课程的百门"行知行"劳动教育精品课程，特别做好5个涉农镇劳动教育实践基地建设和劳动教育课程开发。充分利用"行知行"劳动教育"第三空间"等校外基地，结合不同学段、课程主题、活动场域等特点，探索基础性劳动、专项性劳动和创造性劳动等多样化实践形态。围绕以劳树德、以劳增智、以劳强体、以劳育美，引导学生积极参与户外劳动实践、志愿服务、"社区小先生"等活动，让学生感受劳动的艰辛和收获的快乐，引导学生热爱劳动、热爱劳动人民。

学生在"第三空间"开展"行知行"劳动教育

"宝山少年行"品牌丰富了未成年人培育和践行社会主义核心价值观的载体，为更多未成年人思想道德建设工作特色品牌的打造搭建了路径，用喜闻乐见的形式引导未成年人争做新时代好少年，处处展现新时代好风采。

以"宅舍文化""客厅文化"融合创建 探索公民道德建设新路径

中共嘉定区马陆镇委员会

为扎实推进新时代公民道德建设，马陆镇深挖本土特色，各村以"宅舍文化"建设为载体，各片区以"客厅文化"建设为载体，硬件上不断加强阵地建设，打造提高群众道德素养"新高地"；软件上以一系列"续文脉"的文化活动和"接地气"的道德实践活动为依托，为新时代公民道德建设提供了丰厚的精神力量与文化滋养。

一、突出以人为本，以"颜值气质"营造良好道德氛围

良好的社会道德环境，是加强公民道德建设的沃土。马陆镇立足乡村文脉、片区特色，拓展道德实践空间阵地。目前，"宅舍文化"阵地已覆盖全镇11个村，"客厅文化"阵地打造已在7大片区全面推进。彭赵村"宅舍文化"阵地"众仁堂"，由闲置农宅改造而成，白墙黛瓦的水乡建筑与内里仁贤文化陈设相得益彰，让"爱众亲仁 修身齐家"的宅风主题在潜移默化中根植于心。新联片区"小新客厅"利用居民楼闲置架空层以"食、居、闲、聚"四味烟火气凝聚邻里守望的向"新"力。同时，以景观小品、主题长廊、艺术墙绘等形式进一步营造浓厚的道德氛围。戬浜村将中华传统故事点缀于田间篱笆，让村民在"移步换景"中感悟道德力量。希望片区的"民星秀"长廊将居民"艺术家"的作品带到家门口，在春风化雨中厚植文化底蕴。

嘉定区马陆镇彭赵村"众仁堂"

二、突出以文化人，以"守正创新"涵育公民道德品行

将传统文化与现代文化相融合，匠心打造"宅舍文化"IP 形象宅仔和"客厅文化"IP 形象小聚，以虚化实，让"宅舍文化""客厅文化"更好地走近群众。依托宅舍文化阵地，运用"百姓讲堂"等载体开展"宅舍学论语·礼乐好家风"少儿国学讲堂系列课程，用中华优秀传统文化助力乡村振兴，培育良好家风、文明新风、淳朴民风；依托客厅文化阵地开展生动化理论宣讲、新风课堂等"市民修身"行动，以文化人探索公民道德建设创新实践。

"宅舍文化"IP 形象宅仔
和"客厅文化"IP 形象小聚

"我们的节日"主题活动

同时，以传统佳节为契机，在双阵地持续开展"我们的节日"主题活动，将道德实践融入节庆活动，让文明新风融入传统美德。如今，"一村一宅一文化、左邻右舍育文明""一居一客一文化、远香近厅聚人心"的美好愿景已逐步实现。

三、突出美美与共，以"多元共建"引领时代道德风尚

以融合创建为抓手，树立鲜明时代道德价值取向。在"宅舍文化""客厅文化"中打造"老陈故事汇""周三有约"塘畔曲艺、非遗篾竹编织技艺等一批"一阵地一品牌"的特色项目，制定新城核心区和马陆农村的双向配送菜单，贯通城乡文化"输血"和"造血"，推动"宅舍文化""客厅文化"双向赋能、双向覆盖、双向融合。同时，积极发挥宣讲达人、乡村能人、新马陆人的感召力，开展文明实践"火车头行动""五光十色"志愿服务等活动，创编音乐剧

音乐剧《最美的身影》

《最美的身影》、小品《温暖》、沪语群口快板《一百个想不到》等节目，激发群众参与的内生动力，实现美美与共促德治，成风化俗铸文明。

开展青少年海防夏令营
推动未成年人传承红色基因

金山区精神文明办

2015 年起，金山区文明办联合市青少年活动中心等单位举办青少年海防夏令营，加强长三角海防教育联动，积极引导少年儿童树立保家卫国意识，传承红色基因，持续锻造爱国主义精神。

一、坚持思想引领，爱国教育润物无声

融入思政"大主题"。夏令营充分把握当代青少年的身心发展规律，摒弃了传统课堂说教、口号宣传等方式，以更加生动的亲身参与、沉浸式海防体验的方式，将理想信念教育融入其中，让青少年在潜移默化中增强情感认同、价值认同，涵养爱国之情。精心设计"小课堂"。设计各类载体，让营员们在参观博物馆、纪念馆中体会中华文明的文化自豪感；在海边观日出、饱览城乡风光中激发对祖国壮丽山河的地理骄傲感；在倾听国防知识讲座、观看革命影片中激起对英雄的崇拜感；在沉浸式体验教学中引发对党领导中国人民取得伟大历史成就的政治认同感；在团队协助、军事训练中锻造投身中华民族伟大复兴历史进程的建设责任感；在祭扫先烈、军营升旗等仪式教育中，厚植青少年的爱国情怀。

青少年参观金山卫抗战遗址纪念园

二、坚持市区联动，资源整合形成合力

坚持正确的办营导向和办营目标。通过加强实践体验教育，引导青少年知

行合一，将爱国之情、强国之志转化为报国之行。市青少年活动中心统筹资源，充分调动市级海防国防资源，发挥中心丰富的夏令营运作和服务少年儿童经验的优势，让海防夏令营不局限于金山一隅，成为全市乃至长三角重要的青少年国防教育活动。有效整合区内外各类资源。充分调动市青少年活动中心优质教学资源和金山丰富海防资源，打造海防主题教育课程体系，形成系统化、阶梯化课程清单。同时，夏令营还与区内高校联动，打造了海防教育志愿服务品牌项目，由大学生志愿者全程参与海防夏令营活动，与小营员们同吃同住同学，取得了良好的社会效益。

在龙华烈士陵园开展红色教育

三、坚持海防特色，增强活动辐射效应

不断淬炼品牌。10 年来，海防夏令营从无到有，从百人参与到累计吸引长三角地区 7200 余名青少年参加，成为上海乃至长三角青少年海防教育的一个重要品牌，取得了良好的成效。夏令营依托金山城市沙滩、金山嘴渔村、金山三岛等海洋文化资源，金山卫抗战遗址纪念园、女子民兵哨所等爱国主义教育基地资源，让青少年接受红色教育，打牢爱国思想基础。紧跟时政热点。在新冠疫情防控取得阶段性胜利时，开设医护人员子女专场，向逆行英雄们致敬；在 2021 年开设建党百年主题海防夏令营，加强中国共产党奋斗史和新中国发展史教育；响应长三角一体化建设号召，开设长三角夏令营专场，促进了长三角地区青少年们交流互鉴、共同成长。

"聚湾区　铸海魂" 2023 年长三角少年儿童海防夏令营活动现场

深化"上善育人"内涵
打响长三角青少年活动品牌

中共青浦区委宣传部

近年来，青浦区在上海市、江苏省、浙江省、安徽省三省一市文明办的大力指导下，立足服务长三角一体化国家发展战略，坚持为党育人、立德树人根本任务，培育和践行社会主义核心价值观，通过创新活动载体，搭建育人平台，丰富实践内涵，打造长三角青少年实践育人品牌，积极探索构建长三角一体化示范区建设下的未成年人思想道德建设，引导广大青少年感党恩、听党话、跟党走，扣好人生第一粒扣子。

一、加强组织，构建协同育人圈

在沪苏浙皖三省一市文明办的大力指导下，依托长三角一体化示范区区位优势，联合吴江、嘉善、天长文明办探索建立共建共促工作机制，定期沟通商议，不断加强区域内业务交流。成功举办长三角未成年人思想道德建设工作座

长三角青少年文明实践行

谈会，坚持以"请进来""走出去"相结合的方式，拓展新思路，打开新视野，开拓新局面，有效构建长三角未成年人实践育人协同发展格局，协同推进未成年人思想道德建设工作和整体水平提升。

二、丰富内涵，推动活动多元化

着眼于未成年人成长规律和身心发展，从 2020 年到 2023 年，分别聚焦"这场战疫　感谢有你""童心向党　青春启航""奋斗正值青春　强国复兴有我""点亮青春梦想　共创美好时代"主题，面向长三角地区青少年征集各类主题作品。通过绘画、书法、摄影、童谣、朗诵、声乐、舞蹈、体育运动、科创编程、传统技艺等丰富多彩的展现形式，体现长三角青少年积极向上、奋发有为的精神面貌与青春活力，与时代同进步、与祖国共成长的责任感和使命感。四届活动共征集到长三角青少年作品 14.2 万余件，参与人数达 85 万余人，投票数达 5 亿。

长三角青少年百米长卷绘画活动

三、注重联动，打造活动品牌度

立足线上线下相结合的方式，加强四地青少年的紧密联动，为打造长三角活动品牌注入保障力、组织力、生命力。组织百名长三角青少年共绘百米长卷，精心创作手绘四地 100 个具有代表性的红色文化地标，打造《绘梦想，寻迹忆——百米长卷谱华章》H5 作品。开启长三角青少年文明实践行活动，百名长三角青少年走进爱国主义教育基地、新时代文明实践阵地、青少年活动基地等，把垃圾分类、文明餐饮、文明旅游等"小手拉大手"行动融入其中，并推出《长三角青少年文明实践行护照》，让青少年在实践行中了解历史文化，感受发展历程，倡导文明风尚。

四、强化宣传，提升活动影响力

用好青少年活动作品成果，通过制作一本画册、启动一系列巡回展览和创作一批文创产品等，展示四地青少年昂扬向上的精神风貌。开展长三角青少年风采展示主题活动优秀作品巡回展进商圈、进校园、进社区等，遴选优秀作品亮相第四届长三角国际文化产业博览会，展现青少年

长三角青少年风采展示主题活动优秀作品巡回展

思想道德建设成果。依托线上线下宣传载体，在"学习强国"学习平台、上观新闻、东方网、新浪网、文明上海等平台和媒体宣传百余篇次。

"至理贤言"走基层 "理响贤城"聚民心

中共奉贤区委宣传部

在新时代、新征程、新起点上，传播好党的创新理论、武装和教育好基层干部群众，离不开理论宣讲工作。奉贤区精心打造"至理贤言"区级理论宣讲团，紧紧围绕学习宣传贯彻习近平新时代中国特色社会主义思想这条主线，结合奉贤经济社会发展实际和"敬奉贤人、见贤思齐"的贤文化内涵，从"微"字上寻突破，在"新"字上下功夫，在"贤"字上做特色，积极探索理论宣讲新模式，从大处着眼，从小处入手，把理论宣讲落细落小落实，让政策宣传直达群众心底。

"八进千讲新思想"主题宣讲进机关活动

一、挖掘一批理论宣讲人才，"小人物"组建"大队伍"

"至理贤言"宣讲团成员除了各级机关的领导干部、高校党校的专家教授、国企"两新"的政工师团队、各行各业的青年骨干以外，也不乏基层一线的退休教师、村居小组长、"老娘舅"、楼道长以及在区域范围内较具威望的乡贤人士等。他们在各自的领域就近就便开展理论宣讲，让党的创新理论"飞入寻常百姓家"，聚拢了极高的人气。

二、打造多种理论宣讲阵地，"小阵地"奏响"大乐章"

通过"请进来"和"走出去"两种方式，打造基层理论宣传和教育的多种阵地，使"至理贤言"品牌广泛覆盖、深度渗透。一方面，依托区委党校、新时代文明实践（分）中心（站）、"三校一堂"、党建微家等，将听众"请进来"听。另一方面，充分发挥"至理贤言"宣讲队伍作用，让理论宣讲"走出去"。

创新推出"理响贤城"微信小程序，进一步拓展传播渠道和分享方式。

三、创新各式理论宣讲方式，"小花样"激发"大担当"

从宣讲方式来看，既有传统的课堂讲授式宣讲，又有充满创意的"花式"宣讲，创新性地将党的政策、方针和理论以音乐党课、方言脱口秀、多媒体情景剧、皮影戏等生动直观的形式表现出来，让群众听得懂、听得进，把"有意义"的事做得"有意思"，潜移默化中达到"润物细无声"的宣讲效果。

四、融合丰富理论宣讲内容，"小讲台"架起"大桥梁"

宣讲团高度关注和百姓生活息息相关的最新政策精神，积极回应基层所想、群众所惑、百姓所盼，宣讲内容上接"天线"，下接"地气"，以小故事讲明大道理，把"官方话"变成"家常话"，把"普通话"译成"地方话"，运用理论联系实际这把金钥匙架起党和政府

"八进千讲新思想"主题宣讲进军营活动

与群众之间的桥梁，打通宣传、教育、服务群众的"最后一公里"。

"至理贤言"宣讲团以宣讲启智、统一思想，以精神滋养、凝聚人心，让党的理论政策与基层群众"零距离"。2020年度，"至理贤言"宣讲团荣获"上海市基层理论宣讲先进集体"。相关优秀做法先后被中宣部《宣传工作》、"学习强国"学习平台、人民网·上海频道、解放日报、新民晚报、东方网等多次宣传报道。相关工作经验被评为2023年度全国基层思想政治工作优秀案例。

"八进千讲新思想"主题宣讲进社区活动

用活一大红色资源　打造精品大思政课

中共一大纪念馆

一、贯彻新理念，革命文物与思政教育联动融合发展

上海中学学生近距离观摩文物——上海支前工人李增祥击落美机时所用 M1903 步枪原件

习近平总书记多次对思政课建设、贯彻"大思政课理念"作出重要指示，"思政课不仅应该在课堂上讲，也应该在社会生活中来讲。"对革命文物工作也作出重要指示，强调要"切实把革命文物保护好、管理好、运用好，发挥好革命文物在党史学习教育、革命传统教育、爱国主义教育、思想政治教育等方面的

重要作用"。为深入学习贯彻习近平总书记重要指示精神，充分盘活馆藏革命文物作为思政育人资源，中共一大纪念馆创新推进馆校合作教育项目——"百物进百校，百讲证百年"中共一大纪念馆百件文物藏品进课堂活动。

二、"百闻不如一'件'"，打响"大思政课"教育品牌

2021 年 10 月，中共一大纪念馆全新推出了"百物进百校　百讲证百年"——中共一大纪念馆百件文物藏品进课堂活动，以四个"一百"总体模式运作，即 100 家学校、100 件文物藏品、100 个红色故事、100 节思政课内容。

中共一大纪念馆将可供活动选用的文物藏品清单进行公布，全市幼儿园、中小学、高校通过纪念馆官方网站和微信公众号"文物进校园"入口进行报名登记。结合沟通安排，馆方负责把珍贵的革命文物带进校园，策划每一堂文物思政课，采用 1+1+X 的课程讲述模式，即场馆藏品保管专员和宣教专员在课堂上化身专职宣讲员，分别讲述文物流转、收藏、保护过程及文物背后的感人至深的红色故事，"X"即由合作学校的师生结合自身课程的内容，结合文物和

红色故事，完成互动与教学。通过主体凝聚、形态建构、受众参与互动等，将学生直面文物的体验升华为参与活动仪式中留下的记忆和场景，直击精神内核，对新时代大思政课教育有其独特的意义，深化拓展了革命文物教育功能，着力推进革命文物资源创造性转化、创新性发展。

中共一大纪念馆文物专车

三、润心笃行，屡获殊荣，矩阵传播扩大影响范围

市立幼儿园小朋友们近距离观摩文物——1949年5月由华东军区司令部印制的《入城纪律》原件

截至2023年底，项目第一季已顺利收官，圆满完成100场活动，线下参与11746人次。全媒体报道800余篇次，既有《人民日报》、新华社、央视新闻等全国性媒体报道，也有上海广播电视台和《解放日报》《文汇报》《新民晚报》等市级媒体报道，还吸引教育行业媒体如上海教育台、上海教育、第一教育等，以及纪念馆行业媒体如《中国文物报》、纪念馆快讯的报道参与。2022年1月7日，"百物进百校"活动作为上海市贯彻落实教育"双减"政策、利用校内外资源提升教学水平的典型优质案例被央视《新闻联播》报道，总计触及受众过亿人次。累计荣获第二届全国文博社教十佳案例、第四届全国革命文物保护利用十佳案例，2021—2022年度上海市爱国主义教育基地品牌项目、2022年度上海市基层理论宣讲先进集体以及上海基层思想政治工作优秀案例等多项殊荣。

报童小学学生近距离观摩文物——秦鸿钧烈士使用过的柯达照相机原件

用好红色资源　助推铸魂育人

——陈云纪念馆打造红色研学品牌

陈云纪念馆

习近平总书记指出："红色资源是我们党艰辛而辉煌奋斗历程的见证，是最宝贵的精神财富，一定要用心用情用力保护好、管理好、运用好"，"使之成为教育人、激励人、塑造人的大学校。"作为全国唯一系统展示陈云生平业绩的陈云纪念馆，以习近平总书记在纪念陈云同志诞辰110周年座谈会上的重要讲话精神为根本遵循，积极打造红色研学品牌，为党员干部、青少年和群众讲好红色故事、汲取红色营养、厚植红色基因。

一、用心保护"红色课堂"

在长达70年的革命生涯中，陈云同志为新中国的建立、为社会主义基本经济制度和政治制度的确立、为改革开放和社会主义现代化建设建立的功勋，党和人民将永远铭记。陈云纪念馆建馆二十余年来，特别是结合纪念陈云同志诞辰110周年，加强红色遗址、革命文物保护工作，建设形成陈云铜像广场、

陈云铜像广场

陈云生平业绩馆、陈云文物馆和陈云故居以及名人家书馆、评弹艺术馆等现场教学点，同步打造线上"陈云纪念馆"，持续推动各类教育阵地成为一间间"红色教室"。纪念馆每年接待来自全国各地的党员干部、青少年和群众近百万人次，使红色资源焕发时代新活力。

二、用力挖掘"红色教材"

聚焦主责主业、融入中心大局，陈云纪念馆把一件件陈云文物文献照片等红色资源挖掘梳理好，把习近平总书记号召向陈云学习的"坚守信仰、党性坚强、一心为民、实事求是、刻苦学习"五种精神的丰富内涵研究阐释好，转化成线上线下的精品展览、党课、短

"沉浸式"音乐情景党课

视频等系列"红色教材"。《陈云生平业绩展》《陈云文物展》全面展示了陈云同志伟大光辉的一生和崇高的精神风范。打造的陈云精神风范系列专题党课、曲艺党课和名人家书情景党课等，不断提升现场教学的沉浸式体验。运用"一端二微三号"新媒体矩阵赋能红色研学，并在"学习强国"学习平台、澎湃号上广泛传播，截至 2024 年 6 月，半年的新媒体总阅读量已达 700 余万，让流量变"留量"，强化了红色文化的价值引领。

三、用情担当"红色讲师"

通过强化"脚力、笔力、眼力、脑力"教育实践，陈云纪念馆持续培养打

讲解员为青少年研学班讲解

造一支政治强、业务精、作风正的"红色讲师"队伍。红色研学班主任针对每个团队需求，精准设计红色研学线路，认真组织实施研学课程，及时优化调整研学内容。讲解员创新宣讲形式，以观众喜闻乐见的形式将红色故事中蕴含的革命精神和时代价值讲述出来，打造

青年讲师讲授党课

"行走中的思政课"。青年讲师团结合形势需要，把每年近百场的党课讲准讲活、讲深讲透，推动党的创新理论学习入脑入心入行。

陈云纪念馆将以习近平文化思想为指引，以迎接 2025 年陈云同志诞辰 120 周年纪念活动为契机，担负起新的文化使命，用好红色资源，传承红色基因，以崭新面貌进一步打造好红色课堂、红色教材和红色讲师，为推进强国建设、民族复兴伟业发挥好作为全国爱国主义教育示范基地应有的主力军作用。

点滴爱心　汇聚海上新力量

上海市新的社会阶层人士联谊会

2023 年 2 月，为进一步发挥新阶层人士的专业优势和群体作用，更好地弘扬志愿服务精神，促进上海经济社会和谐发展，本市成立了"上海市新的社会阶层人士志愿服务团"，提出"为广大市民提供 10000 小时法律、心理等志愿服务"，并被列为 2023 年度上海统一战线六大民生实事项目之一。一年来，在上海市新的社会阶层人士联谊会班子成员的带领下，加强规范管理、注重市区联动、拓展服务项目、建设品牌矩阵，志愿服务工作取得实实在在的成效。截至 2024 年 6 月 11 日，志愿服务总时长 20991 小时，参与项目的新的社会阶层人士 311 人。

一、加强规范管理

强化内部管理。坚持志愿公益、全面公开、专业服务的原则。建立工作制度，实现内部自我管理、分工协作。明确服务宗旨、服务方式、服务内容等，对内不拿报酬、对外不收费用。服务全面公开。统一工作标准，在"上海市志愿者网"登记注册，公开人员、公开服务、公

奉贤区新阶层志愿服务分团成立

开时间。加强监督指导，聘请相关专家担任公益顾问，进行全程监督指导，提高志愿服务公信力和专业性。

二、注重市区联动

积极自转。服务团与上海市慈善基金会合作，在全市的街镇未保站设立 36 个新阶层志愿服务站，向未成年人提供心理关爱服务。法律分团创设"公益

志愿服务西藏自治区亚东中学学生

"法律实务沙龙"品牌活动，参与"八五普法"工作，向企业开展新阶层人士普法宣传，提升管理层学法、守法意识。开展联转。服务团依托全市各级新联会组织，先后指导成立志愿服务团静安、普陀、杨浦、奉贤、徐汇、浦东、长宁分团，深入社区、园区、企业、学校等，服务经济社会发展，开展志愿服务。引领公转。上海市首届职业技能大赛期间，服务团与上海市人社局合作，在大赛技能展示区设置"新阶层志愿服务站"，向各区参赛代表队提供"新联心享卡"，为参赛选手志愿提供线上线下"赛前心理情绪疏导服务"。

三、拓展服务项目

聚焦重点单位。加强与市人社局、市民政局、市司法局、上海海关、市慈善基金总会、上海理工大学、上海电机学院、普陀区回民小学等单位的沟通合作，有效拓展公益服务项目。立足专业服务。涵盖心理咨询、法律咨询、就业指导、纠纷调解和未成年人关爱等多个专业和领域，设立锦绣生涯、未爱小屋、公益志愿调解、新阶层志愿服务文艺项目等8个重点项目。

四、建设品牌矩阵

打造工作体系。构建各区分团、各专业分团的纵横工作体系。纵向聚焦重点社区、园区、学校，延伸志愿服务范围；横向聚焦重点领域、重点群体，拓展志愿服务项目。丰富服务品牌。深化"海上新力量·益路有新"总品牌建设，精心打造"星联PUTUO""静安新联心""'新'飞Young""益起新力量""新公益""浦东新动力"等特色子品牌，有效形成全市新阶层志愿服务品牌矩阵。

新阶层志愿服务品牌矩阵

接续白袍红心基因　发挥医教协同优势
——上海交通大学医学院建设大中小一体化医学人文教育基地

上海交通大学医学院

上海交通大学医学院深入学习贯彻党的二十大精神，落实立德树人根本任务，始终坚持以"报效祖国、服务人民"为办学使命，运用得天独厚地理优势，打造医学人文红色教育基地，在思政育人新高地中培育有灵魂的卓越医学人才。

上海交通大学医学院成立70周年之际，"报效祖国　服务人民"勉励寄语石刻落成

学院接续百年白袍红心基因，发挥多方医教协同优势，通过打造串联式交医红色印记系列、沉浸式党史院史育人平台、行走式思政精品课程加强医学人文教育基地建设，引导大中小学生成为堪当民族复兴重任的时代新人。

一、深挖厚植，交医红色印记涵养医学人文教育土壤

交医红色印记地图

打造交医红色印记系列——交医红色地图、可阅读交医建筑，带领师生重温历史时刻，汲取奋进力量。学院策划交医红印记系列活动，呈现校园8处交医"红"印记。联动13家附属医院深挖历史故事，形成一衣带水的红色医学人文教育模式。设计交医红色

地图、制作阅读交医铜牌、组建师生讲解队伍，数十万人通过交医红色印记内容，深入了解交医，镌刻医者担当，书写交医精神。

二、以史育人，党史院史平台提升医学人文教育格局

校园里的党史小屋

发挥党史小屋、院史馆在课程思政上的支撑作用，强化文史研究中的育人作用。建党百年之际，学院打造"初心之地红色之城——上海·党的诞生地"为主题的党史学习小屋。70周年院庆期间，学院翻新院史馆，重现多项著名医学场景。组建相关研究团队，围绕中国医学发展史等研究课题，打造"大思政课"实践教学基地，获得人民网、光明日报、文汇报等主流媒体多次报道。

三、融会贯通，行走式思政课堂扩展医学人文教育版图

以浸润式思政教育为主线，优化大中小一体化示范精品思政课程。学院致力打造以医学院、各附属医院、医学院周边三公里内红色地标思政课堂，与黄浦区委宣传部、中共一大纪念馆联合打造"学思践悟二十大、行走课堂启新程"思政精品课程，将红色故事与医学故事、城市文化与校园文化、思政课程与专业课程融合汇聚，旨在号召交医师生坚定理想信念、激发爱国热情、加强使命担当。

学院通过以上做法，也得到一些经验启示。

上海交通大学医学院与黄浦区委宣传部、
中共一大纪念馆共建大思政课

　　一是促进医学人文品牌文化共融。通过品牌联动、创意共享、文化交流等方式，探索创新合作模式，提升品牌影响力与竞争力。整合多方红色资源、人才资源、科研资源等方面的优势，形成资源构成多元化、作用发挥最大化、基层满意最优化的资源共享格局。

　　二是完善医学人文通识课程建设。课程针对医学生的特点，将人文社会科学与医学的联系作为课程设置的主要依据。医学人文通识课程采用遴选立项、期满验收、定期复评等不断更新的方法进行建设，评选优秀医学人文教育通识课程，并设立医学人文教育通识课程基金。

　　三是开辟医学人文浦东校区阵地。新老校区以红色基因为主线，深度联动浦东新区、张江综合性国家科学中心、亚洲医学中心等，发挥医学文化集聚效应。运用两个校区文化建设的互动性和互补性，打好文化品牌组合拳。

推出"科际穿越·科创校长空间站"品牌
探索科创教育新场景

上海科技馆

"科际穿越·科创校长空间站"（以下简称"空间站"）是上海科技馆为贯彻习近平总书记关于青少年科创教育的重要指示精神，引导青少年传承和弘扬科学家精神，践行社会主义核心价值观，全新策划推出的品牌栏目。项目得到新华社、央视网、中新社、解放日报、文汇报、上海科技报、新民晚报等多家媒体进行宣传报道。

一、全链条主体联动，营造青少年成长沃土

首期"空间站"活动在上海自然
博物馆（上海科技馆分馆）启航

"空间站"以场馆为纽带，深入链接中小学、企业、科研院所等科创教育主体，初步形成"场馆—学校—企业"协同一体的行动网络，为青少年科学启蒙及成长提供多维度保障。目前，活动联动全市 16 个区教育局，吸引 180 家学校、50 余家科技企业参与，通过专家报告、馆长对谈、探馆讲解、科创集市等方式搭建青少年科创教育多元学习场景，潜移默化地激发青少年爱科学、求真知的兴趣和热情，展现青少年健康向上的科技创新良好风貌，营造全社会关心支持青少年教育成长的良好氛围。

二、高品质科教资源供给，提升青少年科技素养

"空间站"以场馆为依托，围绕科技创新主旋律，为参与的学校、企业输入具有场馆特色的科创教育资源，同时引入各方优势资源，共同做好青少年科

开展 WLA 世界顶尖科学家校园行特别活动

赋能中西部青少年科创教育。通过汇聚各大头部平台优质资源跨地域跨领域进校园进课堂，为青少年打造一期期含"科"量满满的思政教育课，满足青少年科创教育需求，丰富青少年科创教育体验。

创素养的"最先一公里"。与顶尖科学家协会推出"对话诺奖"青少年专场，与故宫博物院联合推出"科技与文化融合"主题首批科创教育课程，联合 B 站（哔哩哔哩）推出"科学新年大会"年度活动，赴敦煌研究院开展"从敦煌星图到流浪地球"特别活动，

青少年在科学新年大会体验前沿科技展示

三、高口碑品牌效应，助推科学家精神传播

"空间站"以场馆为基石，走进上海博览中心、徐家汇书院、上海图书馆、科普教育基地、晶城中学等社会公共阵地和中小学，聚焦科创教育的实践探索、前沿科技成果的科学普及、青少年科创人才的创新培养等热点话题，携手50 余位有影响力的院士、专家、校长，全年共开展科学宣讲活动 16 场，线上线下传播量破千万。项目还创设科创教育顾问团、科创教育联盟校、首席科技官，融入科学实验、主题报告、科学家事迹讲演等形式，更好发挥科学家言传身教的作用，擦亮"青少年科创人才培养"特色品牌，培养一批高素质高水准的科技创新后备军。

在 2024 年上海科技节科技传播大会现场举办
"科创校长空间站"专场活动

以"拓广度、筑深度、提温度" 打造"爱心翼站"公益服务品牌

中国电信上海公司

"爱心翼站"是中国电信坚持以人民为中心的发展思想而创立的公益服务品牌，是依托渠道资源禀赋所构建的公益关爱服务阵地。

近年来，中国电信上海公司（以下简称为"上海电信"）在市经信工作党委、市经济信息化委、市总工会等部门的指导和带领下，提升公益服务能力，将"爱心翼站"打造成为暖人心、聚人气、有温度、展形象、守安全的服务阵地，以实际行动履行央企的社会责任和使命担当。

一、全城点亮拓广度，为民办实事惠人心

党的二十大代表、全国劳模邱莉娜在"幸福课堂"现场教授老年用户使用智能手机

自 2015 年以来，在上海市总工会带领下，上海电信积极推动营业厅"爱心翼站"建设，依托遍布全市的营业厅，聚焦群众急难愁盼问题，夯实 6 项基础服务，并增加爱心台席、智能家居体验、"相约星期二"幸福课堂、配置 AED 急救设施等特色服务，使之成为户外劳动者的"补给站"、老年人的"智慧站"、残疾人的"公益站"、过路人的"便民站"、反诈行动的"宣传站"。截至 2024 年 6 月，全市 306 家营业厅实现"爱心翼站"全覆盖，累计举行公益服务活动 146 场，组建爱心大使及志愿团队 330 人，着力打造"面对面服务＋公益直播＋社交媒体"的全触点服务，关爱服务惠及逾百万人次。

二、党建引领筑深度，打造"最美窗口"聚人心

上海电信充分发挥党建独特优势，聚焦"服务共研、难题共克、平台共

建、党建共促"四个发力点，成立"上海电信营业厅党建联盟"，采取"1+14+N"的工作模式，多维度提升电信营业厅服务品牌美誉度。搭建 1 个劳模党代表工作室的大平台，由党的二十大代表邱莉娜携一线党代表、党内先进、专家人才，通过精品课程开发、价值观宣讲等方式，破解服务难题。选树 14 个

上海电信营业厅爱心翼站围绕"警惕诈骗新手法"主题开展专家现场讲座

核心营业厅，打造一批由"店长＋爱心翼站管理员＋党建指导员"组成的"三合一"小团队。通过"规定动作＋个性活动"的探索试点，丰富服务形式和内容。组建一支志愿服务队，将成功经验复制推广到 N 个营业厅，以点带面，形成一批"最美窗口"。

三、公益联手提温度，升级新服务暖人心

一方面，上海电信积极响应中华全国总工会和集团公司建设"工会服务站点双十五工程"号召，携手业务伙伴，搭建公益服务平台，率先将全量营业厅建设成为户外劳动者服务站点。联合华为等爱心企业，捐赠爱心物品，为广大户外劳动者提供更多关爱补给。联合公安、上海幸福等，组建拥有专业技能的志愿服务队伍，提供反诈防骗、心理咨询等关爱志愿服务。另一方面，上海电信积极响应市委、市政府号召，将相约星期二"幸福课堂"升级为"数字为老培训基地"，联手权威部门开发适老服务课程，助力银发一族跨越"数字鸿沟"。联合瑞金医院推进"爱心翼站·蓝小医伴你行"活动，走进社区开展科普讲座、健康义诊等，普及健康生活理念，树立健康生活新风尚。

上海电信营业厅爱心大使介绍爱心翼站提供的服务设施和智能生活产品

"六边形"思政工作法：
擦亮上海中心楼宇思政工作品牌

上海中心大厦建设发展有限公司

陆家嘴金融城党建服务中心

上海中心大厦是中国第一高楼，针对大厦体量大、业态全，办公从业人员多、"两新"组织党员多的特点，坚持以思想政治工作引领推进楼宇经济治理、社会治理和城市治理，聚力打通超大型楼宇垂直社区治理"最后一公里"。

一、树立"风向标"，围绕中心任务抓学习

内容鲜活——让学习有深度、直抵人心。开发推出"初心陆上"楼宇红色服务清单，为楼宇党组织和广大党员群众提供党史课程、主题演出、志愿服务、实践活动、文化体验等86项红色服务项目。组成"楼宇领学团"，为楼内及区域内党组织提供"菜单式"党课预约服务。形式灵活——让学习有力度、震撼人心。在"上海之巅"观光厅举办"唱响百年梦 扬帆新时代"音乐会，联合市委党史研究室举办"伟大历程——中共一大至七大巡展"，在B2艺术长廊举办"廉心致初心、同心庆百年"党风廉政漫画展，承办"新时代 新奇迹·2017—2022"上海发展成就展。资源用活——让学习有温度、振奋人心。开发推出"上海之巅、看百年荣光"、陆家嘴金融城"初心之旅"等红色研学线路，开发推出以党建之魂、绿色之城、科技之巅、人文之光为重点内容的"云端党课"。

二、找准"金钥匙"，围绕创新方式抓落点

把职工群众最"盼"的事办实。积极落实为群众办实事的工作要求，针对大厦位于陆家嘴CBD，快递和外卖不能送货、送餐上楼的情况，积极协调外卖公司在显眼位置设置恒温、杀菌的智能外卖柜，实现一键存放、一码取餐。把楼宇治理最"急"的事办实。联合属地相关单位设立楼宇健康服务点，引进先进的健康监测和医疗设备，定期组织开展健康公益讲座和心理健康指导等活动，入选上海市总工会职工实事项目。把企业发展最"难"的事办实。进一步延伸楼宇党建工作功能布局，打造集便民服务中心、教育培训中心、卫生健康

承办陆家嘴金融城品质生活节

中心、文化活动中心和品质生活中心于一体，包涵200余项民生类服务的党群服务综合体，一站式提供足不出楼即可办事办证的服务。

三、打好"党建牌"，围绕文化核心抓品牌

全面建设红色楼宇。积极探索共商共建共享的楼宇党建新模式，楼宇党群服务中心以"交流、服务、凝聚、引领"为内涵，以主题教育为抓手，为区域内党组织和党员提供多样化的"党建+"服务，每年安排活动500余场次、辐射人员6万余人次。全面建设精品楼宇。对标全球领先地标运营商的标准要求，先后吸引摩根大通、法国巴黎银行、中欧基金等世界500强企业和行业头部企业入驻。高标准完成各类外事接待、重要会议等保障任务，充分彰显地标窗口形象。全面建设人文楼宇。积极践行社会主义核心价值观，常态化开展全国文明单位创建，大力开展"垃圾分类新时尚"等文明实践。引进观复博物馆、朵云书院、混知书店，举办庆祝新中国成立70周年、建党百年等主题巡展。结合关爱留守儿童、"世界孤独日"等主题，不定期组织公益亮灯活动，彰显国企担当、传递国企温度。

让仪式教育推动爱国主义教育落地生根

上海市龙华烈士陵园（龙华烈士纪念馆、上海市烈士纪念设施保护中心）

作为全国爱国主义教育示范基地，上海市龙华烈士陵园（龙华烈士纪念馆、上海市烈士纪念设施保护中心，以下简称"龙陵"）始终致力于在仪式教育中加强爱国主义教育，围绕"规范流程、拓展内容、创新形式"等方面精心设计组织具有象征意义与文化内涵的仪式教育活动，有效激发社会公众的爱国情感、集体认同感与归属感。

一、规范内容流程，打造特色仪式教育阵地

烈士祭扫仪式

2023 年，龙陵根据相关要求，建立了一支由中国人民解放军仪仗司礼大队 20 名退役军人组成的全新"龙华魂"仪仗队，并在现有主题祭扫活动的基础上，设计形成具有龙陵特色、内容丰富、形式多样的菜单化服务，推动主题祭扫与青少年学生入学、入队、入团、入党与公务员入职等仪式同步开展。2023 年 1 月至今，共举行 2300 余场仪式教育活动。同时，龙陵还根据《中华人民共和国英雄烈士保护法》《烈士公祭办法》等法律法规，参与梳理制定本市《烈士纪念设施祭扫服务规范》，进一步规范祭扫仪式的流程，有效提升了本市英烈褒扬工作的规范性。

二、拓展仪式教育内容，聚焦品牌开展多元活动

除常规的仪式教育外，龙陵还在烈士纪念日（9 月 30 日）、上海解放纪念日（5 月 27 日）、清明节、建军节、国庆节等重要时间节点，以龙陵为主会场，联动各烈士纪念设施围绕"我们来看望你""人民不会忘记""龙华魂"等品牌，

"人民不会忘记"主题祭扫活动

同步举行全社会参与的主题纪念活动，形成烈士祭扫全市"一盘棋"的工作格局和上下联动的整体氛围，让尊重英雄烈士、传承英烈精神成为全民共识和社会风尚。此外，龙陵还积极协助举办"以青春之我 耀信仰之光"全网重大主题宣传活动启动仪式、上海市首次颁授《烈士光荣证》仪式、上海烈士纪念设施守护崇敬志愿服务队成立仪式等国家及上海市的重要仪式活动，进一步发挥龙陵立心铸魂、资政育人的积极作用。

三、创新仪式教育形式，探索爱国主义新路径

龙陵深化馆校合作、创新活动形式、深挖活动内涵，2023 年 1 月至今，以学生为主要群体开展了 30 场"向国旗敬礼"——"龙华魂"青少年爱国主义教育活动，涉及全市近 60 所学校，覆盖近 5000 名中小学生。通过训练指导学校国旗护卫队、邀请青少年中的英雄烈士后代在国旗下讲话、在相关人物及历史事件的展板或发生地前开展学生群体自编自导自演的情景党课、在雕塑前原创诗歌朗诵、在烈士墓前合奏《思念曲》等活动，引领青少年礼敬国旗、赓续红色基因，并在当代青少年里培养了一支优秀的青少年升旗手、升旗班队伍。

"向国旗敬礼"——"龙华魂"青少年爱国主义教育活动

抓尖子　托底子

——上海市青少年活动中心为特殊青少年儿童群体奉献爱心

上海市青少年活动中心

　　上海市青少年活动中心（以下简称"活动中心"）积极践行爱心公益，推动文明实践，围绕主责主业，抓尖子、托底子，为特殊青少年儿童群体及家庭提供服务，将共青团对特殊青少年群体的关怀覆盖到更多人群，促进社会对特殊青少年儿童群体的理解与认知。活动中心下设 IF188 青年中心，2018 年成立"爱空间"，开展公益讲座、职业体验等公益活动，搭建了一支青年志愿服务队伍，6 年间为 1200 余人次自闭症儿童提供服务，累计培训服务自闭症群体的志愿者 2000 余人次。

一、联合公益组织　打造爱心之家

　　所谓"抓尖子　托底子"，就是活动中心在积极培养优秀青少年的同时，还将服务范围拓展到特殊青少年。活动中心联合上海曹鹏音乐中心创办的"爱·咖啡"自闭症社会实践基地，以及关注青年自闭症患者的湛蓝公益等社会组织，在活动中心打造爱心之家，为特殊青少年儿童群体搭建学习发展的平台。

2018 年 5 月，"爱·咖啡"正式入驻上海市青少年活动中心 1 楼

　　2018 年，活动中心党委书记吴皓从新闻中得知"爱·咖啡"面临选址困难，他主动与"爱·咖啡"创办者曹小夏对接，为"爱·咖啡"无偿提供场地。从此，这家从服务员到咖啡师都是自闭症少年的咖啡馆落户活动中心一楼，占地约 200 平方米。2019 年，活动中心又与湛蓝公益合作，为其免费提供场地。在日常管理

上，考虑到自闭症患者有不稳定的一面，活动中心为"爱·咖啡"专门配备了一名保安，给予安全上的保障。同时，活动中心借助自身教育资源优势，为爱心之家的特殊青少年们安排了美术、韵律操等课程，为他们将来自力更生融入社会打下基础。

二、提交政协提案　呼吁社会关注

2019年上海"两会"期间，作为市政协委员，吴皓提交了《关于加强成年自闭症患者就业保障体系建设的建议》的提案，为特殊人群发声，呼吁社会关注成年自闭症患者就业难、扶持政策少等问题。

该提案主要建议整合各类资源，为自闭症患者的学习、就业、医疗、养老等提供终身社会保障。吴皓呼吁能有更多的公益组织入驻活动中心，交流理念、资源互补，能有更多的专业力量加入，提升特殊青少年服务的专业化、科学化水平，呼吁汇聚更多社会力量，摸索出一套标准化自闭症矫正模式，帮助更多特殊青少年在家门口得到有效治疗。

2019年，活动中心党委书记吴皓提交的《关于加强成年自闭症患者就业保障体系建设的建议》提案荣获优秀提案奖

三、依托专业力量　提升公益服务

2019年3月，"外滩之窗"杯长三角星星的孩子公益主题征画活动优秀作品在活动中心"爱空间"展出

活动中心积极与高校、机关、机构、专家合作，依托专业力量，优化服务质量，推进上海特殊青少年公益活动的科学化、规范化发展，在短短几年中，共同培育了"星星技能培训实践基地""上海市自闭症儿童教育服务实践点"等具有社会影响力的

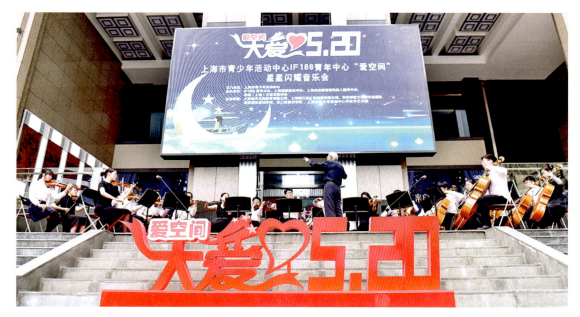

2019 年 5 月，"爱空间"星星闪耀音乐会在活动中心团旗广场举行

公益活动品牌。

　　此外，活动中心积极发挥青年集聚作用，组建青年爱心志愿者服务团队，通过"专业阵地＋公益服务"模式运营的服务平台，依托华师大专业团队，联合研发职业体验课程，面向小龄谱系患者，提升谱系儿童的学习能力，开展专业志愿者服务培训，举办爱心课程，为特殊家庭提供"喘息服务"。至今已经累计完成 100 场超过 3000 分钟的爱心课程。

四　典型示范

"感动上海"年度人物推选宣传

——让先进典型传递最鲜活的价值观

中共上海市委宣传部

为发挥先进典型示范引领作用，深入培育和践行社会主义核心价值观，中共上海市委宣传部、市精神文明办创立了"感动上海"重大先进典型宣传品牌，自2011年至今，已成功举办12届"光荣与力量——感动上海年度人物推选宣传活动"，通过综合推选、集中宣传、故事巡讲等立体化典型宣传机制，共选树和宣传了132位来自上海各行各业的先进典型。他们中既有科技功臣、大国工匠，又有道德楷模、行业模范，他们以普通人的平凡书写不平凡的人生，汇聚成为这座城市鲜明的精神坐标。

一、综合推选——让典型人物脱颖而出

市委宣传部聚焦深入学习贯彻习近平新时代中国特色社会主义思想和党的二十大精神，弘扬城市精神品格等重大主题主线，广泛动员全市各区域、各条线，积极推荐事迹突出、精神可嘉、社会认可、影响广泛的模范人物和先进集体。坚持自下而上推荐和自上而下筛选相结合，通过广泛征集、认真遴选、严格审查、充分征

上海市新四军历史研究会百岁老战士群体等荣获"2021感动上海年度人物"

求相关部门意见等环节，结合全国及本市各类先进典型获评情况，综合确定候选人。结合活动预热，开启线上市民网络投票系统，同期邀请专家学者、新闻媒体负责人、社会各界代表等进行投票推荐。根据市民投票和专家投票汇总综合得分，形成"感动上海年度人物"及提名奖名单。

二、集中宣传——让典型事迹闪光发亮

每年 9 月中旬，隆重举行"感动上海年度人物"揭晓活动，通过事迹发布、嘉宾颁奖、现场采访、文艺演出等呈现方式，集中发布和宣传年度人物及其典型事迹。9 月 20 日全国公民道德宣传日当天，本市主要媒体及新媒体平台刊播揭晓新闻，解放日报、文汇报、新民晚报制作刊登整版专题，东方卫视播出揭晓活动专题节目。十一国庆期间，在本市各新闻网站及主要新媒体平台和户外宣传阵地展播宣传片及年度人物海报，制作配送感动上海年度人物主题画册，全市各区各系统积极做好展播及宣传工作。2024 年春节期间，制作推出"感动上海人物"大拜年短视频，以典型模范之声鼓舞团结奋进之力。

2023 感动上海年度人物揭晓活动现场

三、故事巡讲——让典型精神示范引领

为进一步让典型故事走进市民心中，2023 年，市委宣传部联合市群众艺术馆探索以故事巡讲的方式开展典型宣传，从历届"感动上海"年度人物中，选取航天工匠王曙群、"最美家庭医生"严正、爱心妈妈张心亚等 11 位（组）不同行业、领域的典型人物。深入挖掘人物闪光点和事迹，开展故事创排，并深

入军营、警营、国企、农村、科研院所、新时代文明实践中心、新阶层、学校等开展 10 场巡讲，累计有来自不同行业、领域的 4000 余名观众现场观看。宣讲视频同步在社会宣传网、红途、抖音等平台发布，供广大市民进一步学习了解和传播。同时，以开展年度

"感动上海"故事巡讲启动仪式暨首场宣讲现场

人物故事巡讲为契机，开展问卷调查及座谈会，深入了解市民群众对典型宣讲的评价以及对上海先进典型工作的意见和建议，为进一步加强和改进典型宣传工作提供了现实依据和方向指引。

十年磨砺彰显上海奋进步点
典型宣传强化主流舆论格局
——"星期一典型"宣传机制助力营造团结奋进浓厚氛围

中共上海市委宣传部

2014年起，市委宣传部每年根据中心工作设计推出一个典型宣传专栏，部署全市主要媒体每周一集中推出一位先进人物或集体报道，生动展现全市上下踔厉奋发、开拓创新的精神风貌，彰显新时代上海各行各业取得的经验成果。

从2014年的"中国梦·申城美"，到2024年的"中国式现代化奋进者"，专栏至今已推出超500期报道，助力上海典型辈出、"好人扎堆"的形象日渐巩固。爱看这个专栏的市民们，亲切地将它称为"星期一典型"，而"星期一典型"宣传机制也十年如一日地为上海的发展营造团结奋进的浓厚氛围。

2024年"中国式现代化奋进者"主题专栏，《解放日报》报道赵甜甜带领团队为企业提供一站式服务，把党建成果刻到都市白领的心里

一、紧扣时代精心策划，凝聚共识振奋人心

做好典型报道，弘扬社会主义核心价值观，是上海新闻战线的职责与使命所在。

根据中宣部和市委有关要求，市委宣传部新闻处每年制定专栏宣传报道方案，聚焦以优秀共产党员为代表的改革创新先行者、城市发展建设者、高质量发展推动者、幸福生活创造者、敢闯敢拼的创业者等群体，面向全市各区各大口党委征集案例线索，经遴选后部署各媒体集中优势采编力量，在重要版面、重点时段予以重点报道呈现。

围绕典型人物报道，各媒体深入宣传全市广大干部群众以习近平新时代中国特色社会主义思想为指导，深入学习贯彻习近平总书记考察上海重要讲话精神的生动实践。聚焦实践实干实效，展现全市上下深学笃行、再立新功的良好风貌。深入挖掘人民群众创新创造的劳动成果和智慧结晶，反映全市上下齐心协力加快建成社会主义现代化国际大都市的澎湃动力和决心。

2023 年"新征程　新奋斗"主题专栏，《文汇报》报道"小巷总理"顾婕通过用心用情开展服务赢得居民良好口碑

二、创新表达鉴影度形，走进内心细腻可感

坚持一线采访、创新表达，才能讲好典型故事，写活典型人物。

市委宣传部新闻处与各媒体充分沟通，要求以实事求是为根本，深入挖掘典型事迹，做到见人见事见性格。充分运用报道"组合拳"打造各类融媒体产品。用接地气的叙事方式，在深入人心、提升效果上下功夫，避免模式化、套路化、同质化，体现多样性、广泛性、代表性，把新时代的辉煌历程与人民群众的切身感受紧密联系，以小切口呈现大主题、小故事反映大变化、小视角折射大时代。

例如，报道"小巷总理"梁慧丽，用 15 年时间把一个"烂摊子"改造成

2024 年"中国式现代化奋进者"主题专栏，东方卫视报道商汤大装置团队勇挑重担，赋能大模型发展，打造人工智能算力基座

宜居小区；报道世博文化公园建管团队数年雕琢将浦江岸线核心地段两平方公里打造成为高品质共享空间；报道企业眼中敢创新用真心的"金牌店小二"高健，带领同事推动重大项目尽早开工投产；报道职业指导师李弘以专业和热忱为求职者"职海引航"16年……诸多报道真实展现了先进典型们坚定信念、敢于担当、服务他人、奉献社会的人格魅力和动人故事，是诠释上海城市精神、传递核心价值观的鲜活教材。

三、聚木成林用心传播，春风化雨润物无声

要传播好典型人物，须力求报道内容、形式适应新媒体传播环境，符合新媒体传播规律。

市委宣传部新闻处在制定方案时，将各类平台载体纳入统筹安排，邀请典型人物参与节目录制，部署各新媒体平台每月推出一个融合报道作品，协调本市主要商业网站及新媒体及时推送主要媒体重点报道和新媒体作品，要求政务新媒体平台每周一在微博端口作网上推荐。各平台载体个性突出、统一步调、形成合力，形成更加错落有致、生动鲜活的宣传格局，将时代的声音传播得更广更远。

聚焦凡人微光　传递城市温度

——"人民城市　温暖瞬间"征集展示活动

中共上海市委宣传部

为贯彻落实党的二十大精神，践行人民城市重要理念，深入开展社会主义核心价值观宣传教育，中共上海市委宣传部、市精神文明办于 2022 年首次举办"人民城市　温暖瞬间"征集展示活动，聚焦发生在市民身边的凡人善举和感人故事，通过广泛征集、深入挖掘和宣传展示，再现感动人心的场景、传递鼓舞人心的力量。截至 2023 年已开展三期，推出 30 个年度"温暖瞬间"，全网浏览量超 3000 万次，活动入选中央网信办 2023 中国正能量网络精品征集展播"网络正能量主题活动"。

一、关注凡人善举，让每一次挺身而出都被铭记

相较于传统典型宣传活动，更加注重发掘普通市民的"闪光瞬间"，更加突出人民群众的主体地位。镜头聚焦于群众，以"温暖瞬间"为切入点，将镜头聚焦凡人善举、平凡英雄，关注日常生活中的暖心瞬间、人文互动，展现广大市民以主人翁的精神"共同建设、共同守护、共同温暖"这座城市，呈现人人奋斗、人人出彩、处处守望相助的生动局面。取材来源于生活，以短视频（图片、音频）为主要载体，以行车记录仪、城市公共监控、市民随手拍素材、新闻媒体记录等为主要收录渠道，真实展示市民视角下的城市面貌，凸显生活在上海这座人民城市的获得感、幸福感、安全感。推荐主体多元，在

"人民城市　温暖瞬间"征集展示活动宣传海报

看看新闻 App、新闻坊微信小程序、抖音 App 等开通市民征集渠道，邀请广大市民随手拍摄、随时上传，记录和分享身边的感动，成为"温暖推荐官"。

二、创新机制载体，让每一个感人瞬间都能发光

建立完善多渠道发现推选机制、分众化发布宣推机制，提高活动的参与度、感受度、认可度。认真开展推荐遴选。每年开展二期征集展示（上、下半年各一期），通过各区各条线征集推荐、主要媒体推荐新闻线索、市民随手拍汇集线索等方式发现遴选案例。组织专家评审，围绕案例的思想感染力、社会影响力、示范引领力等进行综合推荐，形成每期 10 个"温暖瞬间"名单。集中开展全媒体宣传。指导上海广播电视台融媒体中心，深入挖掘"温暖瞬间"背后的故事和精神，于 6 月底和 12 月底在新闻综合频道《新闻坊》栏目连续播出，同步进行主题微视频和海报集中展播。本市主流媒体所属新媒体、政务新媒体、各区融媒体、重要公益阵地等集中展映。

温暖瞬间案例

三、培育身边典型，让见贤思齐的氛围更加浓厚

发掘宣传了一批感人故事。年度"温暖瞬间"经新闻坊推送后，微信文章单篇点击量经常超 10 万次，累计点击量已超 300 万次，市民纷纷留言表示"社会需要这样的正能量""有利于树立社会良好风气、弘扬正能量""能够凝心聚气，催人奋进"。培育选树了一批先进典型。活动相继宣传了"大火中叩响每一户邻居房门的楼组长肖旗""挺身勇救悬空女童的居民袁攀攀"等感动上海年度人物候选人，"跳河破窗救人的村支书陆东辉""肩膀托举跌落老人的快递

热心网友在公众号推送下的留言

小哥王江北"等人物和事迹入选上海市精神文明好人好事。涵育厚植了"见贤思齐，人人可为"的氛围。广大市民参与和关注活动，从见证、记录到分享，从感动到延续践行，"每个人都可以成为这座城市的凡人英雄"的理念更加深入人心。

讲好新时代上海警察故事

——上海公安以先进典型引领推进社会主义核心价值观建设

上海市公安局

近年来，在市委宣传部、市文明办的大力支持和专业指导下，上海公安机关持续完善典型选培"工作闭环"，打造典型宣传"立体格局"，营造典型带动"示范效应"，努力打造具有时代特点、上海特色、公安特征的典型群像。2023年以来，有9名民警获评"全国五一劳动奖章"、"全国公安系统二级英雄模范"、全国"最美基层民警"等高等级荣誉，2名民警获评上海市首届"最美公务员"，他们用实际行动生动诠释了社会主义核心价值观的深刻内涵，在全社会营造崇德向善、见贤思齐的浓厚氛围。

一、强化制度建设，完善典型选培"工作闭环"

打通发现渠道。完善先进典型申报、评审、公示等相关程序，打通自上而下发现、自下而上涌现的"双向通道"，大跨步直插一线，注重在重大安保、急难险重工作的火热实践中，基层群众的好口碑中发现挖掘先进典型，开展不同层次、不同岗位的典型选树培养，激发每一个民警的内在能量和精神气质。

上海市公安局闵行分局浦锦路派出所
顾晓芬在工作室聆听居民生活中的烦心事

搭建干事舞台。结合重要时间节点、重大安保任务，有意识地安排先进典型到攻坚克难的重要岗位，到与群众密切联系的基层一线，到有故事、易出彩的地方进行培育锻炼，加强典型业务技能、群众工作能力、新媒体推广等方面的培训力度。组建保障团队。围绕重点典型，建立"一人一团队"工作机制，抽调精兵强将组建工作专班，在日常工作中及时积累素材、总结经验，依托市委宣传部"中国式现代化奋进者"典型专题报道栏目，营造强大宣传声势，展现公安队伍一流形象。

二、强化协作联动，打造典型宣传"立体格局"

聚焦节点，让典型形象更鲜活。结合"五一"劳动节，开展"寻找身边最美警察"宣传活动，在内容上形象内涵并重、树立警察职业精神，在路径上实现"网报台微端"全面覆盖。外滩、陆家嘴执勤民警的良好形象在网络上刷屏传播，上海电视台、《人民公安报》等主流媒体跟进报道，全

上海市公安局浦东分局刑侦支队九队队长
杨文卿荣获"2023 最美基层民警"

网总播放量突破 4 亿，真正将"大流量"转化为"正能量"。善借支点，让典型荣耀更闪亮。以中央政法委、公安部、市委宣传部评选活动为契机，助推先进典型形象展示登上更高层级平台，打造先进事迹宣传"波峰"，提升典型美誉度和影响力。2023 年，杨文卿参加全国公安系统英雄模范和立功集体代表与中外记者见面会，在全国形成强烈反响。紧贴热点，让典型事迹更动人。围绕市民群众关注的话题与内容，创新运用短视频、网络直播等传播手段，以典型事迹为基础推出《超时空守护》《每个人都是一束光》等一批刷屏热传的网络精品，有力提升了典型的知悉度和点赞率。

三、强化榜样引领，营造典型带动"示范效应"

强化表彰激励。将表彰奖励与人才培育相结合，在轮岗锻炼、提拔任用、晋职晋级等方面向先进典型倾斜资源，"全国最美公务员"李勇、"全国人民满意的公务员"夏志松等先后提拔任用，打造"个人把精力放在工作上，进步和发展交给组织"的良好氛围。注重结对传承。组织先进典型向青年民警传本

上海市公安局虹口分局社区少年服务队民警
陈梁顺到结对青少年家中走访

领、帮思想、带作风。陈梁顺、周雅萍、孙礼钢等典型个人带领优秀青年民警成立了"社区少年服务队""红心服务队"等，激发民警"见红旗就扛，有第一就争"的工作热情。深入基层宣讲。充分发挥市局理论宣讲队、"尚警讲坛"等平台载体优势，组织先进典型积极投入事迹宣讲、安全防范宣传等，2023年共组织开展3季1000余场宣讲，圆满完成孙礼钢等优秀民警参加市委宣传部、市文明办"感动上海年度人物"全市巡讲工作，引领全社会凝聚起向上向善、争当先锋的积极正能量。

选树宣传"最美退役军人"
激励广大退役军人见贤思齐砥砺奋进

上海市退役军人事务局

为深入学习贯彻习近平新时代中国特色社会主义思想和习近平总书记关于退役军人工作重要论述，讲好退役军人故事，发挥先进典型示范引领作用，2019 年以来，上海市退役军人事务局会同中共上海市委宣传部、上海警备区政治工作局，连续开展五届上海"最美退役军人"学习宣传活动，共选树宣传了100 位上海"最美退役军人"（91 名个人、9 个集体），集中展示了退役军人在上海经济社会发展和人民城市建设中拼搏奉献、担当作为的良好形象，激励广大退役军人见贤思齐、砥砺奋进，有力营造了尊崇军人职业、尊重退役军人的浓厚氛围。

一、坚持从严审核把关，确保先进典型立得住过得硬

上海有数十万退役军人，他们分布在全市各行各业、各条战线，先进典型挖掘推荐工作涉及对象和单位面广、量大。人选推荐和评审过程中，严把政治关、品行关、作风关。根据人选行业领域、政治面貌等相应征求公安、组织人事、纪检监察、市场监管、应急管理、生态环境、社会征信等部门意见，广泛邀请人大代表、政协委员、媒体记者、退役军人和部队官兵代表等共同参与人选评审，对拟授予"最美退役军人"称号的人选，在网上集中公示 5 个工作日，主动接受社会监督，确保选树宣传的先进典型政治过硬、事迹过硬，经得起历史和实践检验。

2022 年度上海"最美退役军人"揭晓

二、加大社会宣传力度，充分展示退役军人良好形象

对获评"最美退役军人"的先进典型，不断创新宣传形式，拓宽宣传范围，增强社会影响力和感召力。每年"八一"前夕，联合东方卫视举办"最美退役军人"发布仪式大型文艺晚会，市党政军领导亲切会见慰问"最美退役军人"代表并合影留念。创作《最美退役军人之歌》，作为上海"最美退役军人"学习宣传主题曲。在市退役军人事务局官网官微开设专栏，持续宣传报道"最美退役军人"先进事迹；组织开展"最美退役军人"先进事迹进企业、进校园、进机关、进军营、进社区等巡回报告；在上海教育电视台开设《谢谢你，我的战友》专栏节目，会同东方网制作播出"最美退役军人"人物专题访谈节目等；在地铁移动电视、站台等场所宣传展示"最美退役军人"主题宣传片。全方位、立体化展示"最美退役军人"的先进事迹和精神品质。

2019 年 9 月 27 日，在云峰剧院举行上海"最美退役军人"先进事迹报告会

三、建立健全工作机制，激励先进典型发挥榜样作用

制定《上海"最美退役军人"学习宣传活动先进典型评选和关怀激励办法》《关于建立健全"最美退役军人"等先进典型学习宣传关怀激励工作机制的实施意见》等，持续细化完善先进典型评选工作和关怀激励举措，加强对先进典型的教育引导。组织"最美退役军人"开展经常性学习交流和短期疗休养，

邀请"最美退役军人"代表出席春节团拜会、八一建军节庆祝晚会、9·30烈士纪念祭扫等重大庆典和纪念活动。常态化联系和走访慰问"最美退役军人",及时了解掌握他们的工作生活情况和思想动态,帮助解决实际困难。荣获"最美退役军人"称号的先

2023 年 7 月 8 日,组织"最美退役军人"开展"崇尚最美荣誉·汇聚榜样力量"主题学习交流活动

进典型,自觉珍惜荣誉、再接再厉,以更加饱满的精神、昂扬的斗志奋进新征程、建功新时代,在就业创业、红色宣讲、志愿服务、公益慈善、应急救援等方面持续发挥着示范引领作用。

让价值被看见可感知

——上海高院打造"邹碧华精神引领工程"

上海市高级人民法院

为深入打造邹碧华精神引领工程，上海法院以新时代队伍建设现代化"1+6+X"为指引，通过建机制、搭平台、树标准，把邹碧华精神引领工程作为根本性、长期性工作，旨在将邹碧华精神注入组织文化，持续产生价值共振，不断带动队伍发展。

一、以榜样为先，让价值被传递

上海法院"邹碧华式的好法官好干部"评选

以"邹碧华精神"为价值引领，把精神标准化，让价值具体化。研究制定《新时代上海法院"邹碧华式的好法官好干部"的标准》，从立场信念、专业素养、职业操守等方面细化评选细则、优化评选机制。开展"邹碧华式的好法官好干部"评选，选树一批以"邹碧华精神"为引领的先进典型。拍摄《遇见·法院人》系列人物片，共塑上海法院各条线、各岗位的英模群像，实现先进典型的价值引领，获《人民法院报》、"学习强国"学习平台、《解放日报》等主流媒体报道。

二、以能力为核，让成长可感知

厚植"邹碧华精神"土壤，打造青年干警"价值观—能力素养—业绩反馈"培养模式。坚持系统思维，建立"3+2"优秀干部培养选拔体系：3个平台，即卓越青年训练营、"十佳青年"评比、"邹碧华式的好法官好干部"评选；2 类人才，即通过"中青年干部专题培训班"培养领导人才、通过上海法院审判业务专家（骨干）评选培养业务人才，建立分层分类精准选拔培养优秀干部机制。深化院校合作人才培养机制，与全国24 所高校和科研机构签署战略合作协议，积极探索法治人才精准滴

上海法院第四届"十佳青年"评选

灌培养模式。聚焦青年成长，成立民法典研究小组，来自上海三级法院 70 余位骨干积极研讨，出版 98 万字著作，凝聚上海法官集体智慧。创办 PLUS 演说会，成为全国法律界首个 TED 式演说平台，近 500 位法律人走进演说会，从上海辐射至长三角地区，打造价值传播的平台和青年展示的舞台。

三、以平台为基，让才华被看见

注重创新表达，上海高院创办以邹碧华生前微信名命名的微信公众号"庭前独角兽"，连续三年被评为中央政法委"四个一百"优秀微信账号，组建的翻译小组超过百人，发表翻译文章 110 余篇。"庭前故事会"栏目畅想未来法官、探讨复杂人性，多篇文章被《人民日报》、中央政法委长安剑、最高人民法院

上海法院"邹碧华精神
引领工程"文化品牌

转载。"庭前智囊"栏目让术业有专攻的业务骨干、专家直击问题，目前已集结问题 100 多条，阅读达 70 万。实现职业能力的知识管理。"庭前他山石"栏目，组建超百人的翻译小组，不断以他山之石探索新知，拓宽法院人的国际视野。

从一个人到一群人，到更多人，上海法院持续打造"邹碧华精神引领工程"，通过厚植法院文化土壤，搭建青年成长平台，让青年干警在榜样带领下注重自我能力的提升，推进优秀年轻干部台阶式和递进式培养，让价值被看见，可感知。

普通家庭　不凡美丽

——寻找"海上最美家庭"

上海市妇女联合会

2014年以来，上海市各级妇联组织通过组织开展写家史、续家谱、议家训、树家教、展家风等活动，在全市寻找各级各类"最美家庭"先进典型，将家庭文化建设融于社会主义核心价值观、上海四大品牌建设、长三角高质量一体化发展，积极营造争创文明家庭、共建卓越城市、共享美好生活的良好氛围。

一、强化社会主义核心价值观引领，寻"海上最美家庭"典型

揭晓 2023 年"海上最美家庭"

纵向联动市、区、街镇、居村四级妇联，层层发动、广泛宣传、深入挖掘，寻找先进家庭典型。横向协同大口系统妇工委和妇工联络组、驻沪部队共同发掘各领域中的优秀家庭。拓宽推荐渠道，通过社会化推荐全城联动开展自荐、他荐寻找"海上最美家庭"，扩大覆盖面和影响力。截至 2024 年 6 月，上海市各级妇联累计寻找到各级各类"最美家庭"逾 20 万户，其中"海上最美家庭"2068 户，展现了各行各业新时代家庭奋进新征程的良好精神风貌。

二、深化社会主义核心价值观宣传，展榜样示范带动作用

整合传统和新媒体资源，通过视频、宣讲、朗读、微访谈等多种形式，讲好"最美家庭"故事，传播新时代家风。上海市妇联与上海人民广播电台《直

通990》合作开展"你好，最美一家人""家书一封"节目，与《现代家庭》杂志做优"最美家庭"故事专栏；黄浦区妇联为新出炉的最美家庭拍摄全家福；金山区妇联开展"湾区蕴清风　幸福家故事"家风宣讲活动，立体式、延展式、多维度传播"最美家庭"之美。

改革开放40周年上海家庭文化展

开拓"最美家庭"礼遇机制，以"最美家庭看最美上海""最美家庭遇见最美图书""最美家庭聆听最美音乐"等活动增强先进家庭的荣誉感和获得感。

三、推动社会主义核心价值观落地，涵育家庭文明新风尚

上海市妇联每年举办家庭文化节活动，通过市级主题活动拉开序幕，集中展示家庭建设的相关成果等，以"我爱上海""喜迎二十大·共建幸福家""传承好家风　共建幸福家"等主题迄今开展了20届。联合上海宋庆龄基金会、上海市儿童基金会发起家庭友好项目，帮扶困境家庭、助力家庭成长、推动家庭建设，以"最美家庭"带动广大家庭乃至社会共同关注家庭的发展。持续探索"最美家联盟"机制建设，以"最美家庭"为骨干，创新多样"家参与"活动形式，搭建走出"小家"融入"大家"的志愿服务平台。组织广大家庭开展"好家风·文明行"系列活动，以好的家风支撑起好的社风，推动社会主义核心价值观在家庭落细落小落实。

"带着爸妈去运动"亲子嘉年华

"上静青年"
——创新打造典型宣传新 IDOL

共青团静安区委员会

2023 年 3 月，静安团区委在区委组织部、宣传部指导下，开展"上静青年"选树宣传活动，选树 100 位党的十八大以来涌现出的"有理想、敢担当、能吃苦、肯奋斗"的新时代"上静青年"，构建贴近青年的核心价值观话语体系和叙事风格，打造可学可鉴的青年"身边典型"。案例先后荣获 2023 年上海市"强国复兴有我"群众性主题宣传教育活动重点项目、上海市人民政府新闻办主办的 2023 年"Z 世代唱享中国　申城故事"短视频征集活动优秀奖。

团区委从各级大口、街镇、学校团组织、群团组织、社会团体、三新企业和组织中积极动员挖掘、推报。同时从青企协、文化传媒、人力资源等渠道招募"社会星推官"，广泛选拔既是积极向上青年新典型，又是身边温暖人心好榜样，既是新兴领域特长突出青年专才，又是脚踏实地奉献静安发展的青年。注重凡人微光、模范新秀、有料青年，重点关注静安区中默默奋斗着的青年，与建设国际静安、卓越城区的奋斗同频共振。

"上静青年"选树活动海报

一、打造"上静青年"典型选树 IP

荣耀徽章、宣传海报、文创飞盘、变装短视频……围绕"上静青年"典型宣传，静安团区委用新思路打造典型宣传的新 IP。名单正式公布以后，静安团区委以"上静青年热烈季"为主题开展"接力式"宣传报道。推荐科创、"一

以"上静青年热烈季"为主题开展"接力式"宣传报道

带一路"、新兴领域、体育等代表性青年进行短视频拍摄，加入青年讲师团开展"五进"宣讲活动等。

二、传承静安红色基因文脉

围绕社会主义核心价值观宣传，2023 年 11 月，静安团区委联合区委组织部成立上静青年青春学院，成为应对新职业转换困境、分层分类保障需求的新型"筑梦空间"，成为开展团员和青年主题教育的"首学实践地"，进一步增强政治认同感和向心力。同时，要求各级团组织同步策划，深入广泛开展"上静

青春学院活动现场

青年"推介活动，讲述上进故事、展示上镜风采，为青年成长成才搭建平台，发挥宣传教育更大作用。其中，"一带一路上的上静青年"特辑获中国驻南非大使陈晓东在推特账号转发。鼓励更多"上静"青年立足岗位建功，

宣扬社会主义核心价值观的"战高温、斗酷暑、保平安""一名咖啡师的养成"等短视频经参与的博主@警民直通车-上海、正经的健之等在抖音号上共创发布，观看量突破200万、收到4000余条评论，取得良好的宣传教育效果。

三、探索核心价值观典型集聚效应

围绕青年人才的培养、引进、使用、评价，把培育和践行社会主义核心价值观工作做得更细、更实、更深入人心，强化榜样引领，推动全社会，特别是青少年群体见贤思齐、崇尚英雄、争做先锋。静安团区委打造具有共青团历史特色的红色文化新品牌，从个人成长见辉煌成就，从闪光故事见静安发展进步，为"上静青年"搭建"红色传播者""青春科普官""反诈宣传员"等舞台，培训他们成为静安团区委原创沉浸式经典阅读剧《剪烛》的卡司演员，使其身临其境感受中华青年之风貌、体味革命先辈的信念，让"上静青年"沉浸式接受教育，也让社会主义核心价值观"润物细无声"地引领传播开。

传承徐虎精神　激活铸魂强企新功能
铸就为民服务金招牌

普陀区国资委　上海西部企业（集团）有限公司

上海西部企业（集团）有限公司是徐虎劳模精神的发祥地和传承地。经过多年的努力，集团培育了以徐虎为代表的 9 位全国、上海市劳动模范。在典型培育工作中，集团坚持"一个核心"，聚焦"五个维度"，逐步探索形成了多维度协同、一体化递进的典型培育工作机制和工作体系。

一、一个核心：坚持"党的领导"，严把培育选树关

集团坚持党对典型培育工作的领导，将典型培育工作纳入重要议事日程，做到与企业中心工作同谋划、同部署、同推进。严格落实选树主体责任，严把审核推荐关，并以基层党支部作为典型选树的主阵地，着重从一线职工中挖掘培育典型。

2020 年，徐虎精神传承人之一杨华峰获评上海市劳动模范

二、五个维度：打造立体化典型培育工作体系

维度一：聚焦"发现"，多途径挖掘先进典型人物。

一是坚持挖掘。善于并坚持在日常工作中发现典型，突出在各类"重大工程""重点任务"以及"急难险重"等突击性关键性工作中发现典型。二是坚持推优。连续 31 年坚持举办年度"十佳好人好事"评比活动，深入开展"西部先锋""西部优秀志愿者"等评选活动，为典型选树打好基础。三是坚持考察。定期到街镇、居委会、业委会、服务对象及班组职工中听意见，使推出的典型有过硬事迹、有较大影响、受广泛认可，具备深厚的群众基础。

维度二：聚焦"培育"，多渠道搭建典型成长平台。

一是加强思想引领。对先进典型加强政治教育和思想教育，使典型人物既在工作上领先，又在政治上进步。二是加强指导培养。为他们搭建学习提高的平台，创造展示自我的舞台，争取获得更多更好的口碑和荣誉。三是加强关爱礼遇。通过各种形式和渠道进行表彰；开展经常性的谈心，帮助解决实际困难；召开"贤内助"座谈会，争取获得家属支持，让他们全身心地投入工作。

维度三：聚焦"推广"，多角度宣传典型人物事迹。

一是注重立体化呈现。从单纯刻画人物工作经历，逐步拓展对典型的家庭角色、社会角色的刻画，塑造有血有肉有情感的人物形象。二是注重多层次挖掘。注重走访倾听基层群众心声，挖掘鲜为人知的劳模故事。三是注重全方位推出。通过企业媒体对先进人物进行全方位报道，同时邀请社会媒体共同参与，提炼、归纳先进事迹与精神。

维度四：聚焦"传承"，多层面推进劳模精神的引领。

一是岗位传承。设立党员示范岗，评选首席作业手、首席小区经理，在物业岗位中继续传承徐虎精神。二是行业传承。即徐虎精神的跨岗传承。三是

在纪念徐虎义务挂箱服务30周年活动上评选出"小徐虎"

社会传承。积极参与社会宣传活动，扩大劳模的社会影响力，传播劳模的正能量。四是精神传承。打造"徐虎劳模群体基地"，将其作为开展员工思想教育的重要阵地。

维度五：聚焦"发展"，多方位拓展劳模精神内涵。

一是发挥徐虎精神的标杆作用。评选"首席（一级）作业手""首席（一级）小区经理"，开展"小徐虎"推荐活动，成立"徐虎志愿者服务队"，通过劳模的言传身教，带出了一支为民服务的生力军。打造"西部匠心·实训工坊"，以劳模的引领带动，倾力培养技能高、服务优、作风硬的各岗位能手。二是实现徐虎精神的价值输出。通过打造"西部365""徐虎加梯"等服务品牌，将"辛苦我一人，方便千万家"的徐虎精神更好融入物业服务中，真正把西部物业服务品牌打造成居民群众想要的样子。

徐虎志愿者总队教导员徐虎与队员
交流志愿者工作和为民服务经验

践行于漪教育教学思想
培育新时代"四有"好老师

中共杨浦区教育工作委员会

习近平总书记在党的二十大报告中指出，"社会主义核心价值观是凝聚人心、汇聚民力的强大力量"，并将"广泛践行社会主义核心价值观"作为新征程文化建设的一项重点工作来进行重点阐述与部署。在推进社会主义核心价值观从"培育和践行"向"广泛践行"转化中，杨浦教育始终坚持树牢于漪老师这面旗帜、弘扬教育家精神，强化榜样引领，引导杨浦教师坚守三尺讲台潜心教书育人。

于漪老师为教师们寄语

一、优化区域顶层设计，加强思想引领

广泛践行社会主义核心价值观的前提是普遍认同。"人民教育家"于漪老师从杨浦成长、从杨浦走向全国，她引领、陪伴、帮助了几代杨浦教育人的成长。因此，杨浦教育将于漪教育教学思想学习、转化、应用作为杨浦教师培育和践行社会主义核心价值观的重要抓手。依托教育部重点课题《人民教育家于漪教育教学思想区域转化与应用的实践研究》，充分发挥部、市、区合作共建"于漪教育教学思想研究中心"的功能与作用，系统设计课程框架，组织开发培训课程。

开展人民教育家于漪教育教学思想"大学习、大讨论、大实践"行动。通过"大学习"，引导广大教师读于漪经典著作，探寻于漪教育教学思想精髓；通过"大讨论"，激励广大教师探索于漪教育教学思想的时代价值，坚守教育初心；通过"大实践"，引导广大教师践行于漪教育教学思想，成为"四有"好老师。

二、打造榜样学习品牌，丰富活动体验

通过榜样学习和活动体验有助于对社会主义核心价值观产生积极情感和正确认知。近十年来，杨浦教育始终树牢于漪老师这面旗帜，从"让于漪成为我们共同的形象"到"两代楷模激励我成长"，再到"学于漪，站好新时代的讲台"，既一脉相承，又与时俱进，逐步形成了区、校两级特色鲜明的师德主题活动品牌。

聚焦国家和市级教书育人楷模和区级"四有好老师""师德标兵""学于漪先进"等，开展多层次的先进典型宣传选树，同时通过"身边的故事"师德微课等，让各级各类教师都能展现自身风采，这些活动对教师产生了明显的激励作用，引领教师以先进为榜样，全心奉献，用心育人。

杨浦区打虎山路第一小学教师
演出情景剧《于老师的大年初二》

三、项目实践养习成德，转化自觉行动

社会主义核心价值观实践养成最终要沉淀和固化为行为习惯和道德品质。杨浦区教育工作党委启动"党建引领下区域创智教育高端人才涌动发展项目"（即"登峰计划"），成立了把于漪教育教学思想融入"四有"好教师队伍建设的 33 个实践基地，围绕于漪教育教学思想，个性化地培养"于漪式"好教师、好校长，通过理论学习内化、课堂教学实践、教育理念梳理、教育管理案例撰写、干部教师培训微课开发等方式养习成德，将"立德树人"转化为区域教师的自觉行动。

"登峰计划"——名校长研习基地授牌

"宝善卡"汇聚各方力量　让"德者有得"

——宝山区完善道德模范关爱礼遇长效机制

中共宝山区委宣传部　宝山区精神文明办

2023 年 9 月 20 日，宝山区举行道德模范
关爱礼遇"宝善卡"首发仪式

2023 年宝山区正式推出道德模范关爱礼遇卡——"宝善卡"。"宝善卡"，谐音"宝山"，"善"意指"善人、善行"，浓缩了"善人者，人亦善之""德润滨江　善行宝山"的内涵。通过实施"宝善卡"，统筹整合各类爱心资源，针对首批 30 名道德模范落实了 28 项常态关爱礼遇措施，取得了良好的社会反响，浓厚了"好人有好报　德者有所得"的社会氛围。

一、坚持问题导向，广泛征求意见建议

2023 年区文明办以大调研为契机，开展道德模范关爱礼遇工作专题调研。调研中，部分基层单位和道德模范提出目前在道德模范关爱礼遇方面存在的宣传面不广、宣传方式较简单，以及关爱礼遇方式单一、人民群众感受度和社会动员力度不够等问题。针对这些问题，区文明办创新工作路径，切实从道德模范的实际需求出发，通过各街镇、委办局、道德模范工作室等渠道，向全区各级道德模范发出道德模范关爱礼遇需求征集表，汇总包括医疗保健、文体教育等七大类 38 项服务需求。

二、着力资源整合，汇聚社会爱心力量

为更好匹配道德模范的需求，充分动员和吸纳社会各界力量参与，区文明办向区域内企事业单位、社会团体、文明单位发出"人人都献出一点爱"的号

召，开展道德模范关爱礼遇爱心资源征集活动，共收到119家单位共计87项爱心资源项目。上海吉爱家庭服务有限公司等许多民营企业积极参与，他们提供的医院陪护、居家养老等服务，正是道德模范们反馈的高频需求。综合考虑部分社会企业提供的服务地域范围和覆盖人群等因素，经过3轮项目协调沟通会，最终根据道德模范"需求清单"筛选出28项礼遇服务项目，与区内17家委办局和街镇、7家企事业单位、6家驻区部市属单位，以及7家民营企业进行有效对接。

"宝善卡"卡片和使用手册

三、聚焦群众感受，精心设计服务项目

"宝善卡"项目最终形成首批6大类28项关爱礼遇服务项目，包括窗口服务7项、文体休闲7项、交通出行4项、卫生健康2项、学习教育2项、家庭生活6项。"窗口服务"包括银行网点、许可登记、企业办税、公证服务等绿色通道、一对一服务、帮办代办等服务。"文体休闲"包括顾村公园等景点景区的免费入园服务，指定影院免费观影服务，以及免费体育场地等服务。"交通出行"包括在宝杨宝龙广场等区内重大商圈免费停车服务。"卫生健康"包括吴淞医院提供的免费体检，上海市第二康复医院提供的免费中医养生指导和诊疗服务。"学习教育"包括年度报刊订阅、每季度热门书籍等服务。"家庭生活"包括家政服务、特色点心及优惠办理手机套餐、有线电视服务等。

"宝善卡"的发布得到了中央广播电视总台上海总站、人民网上海频道、

道德模范在吴淞中心医院享受免费健康体检服务

《文汇报》、上观新闻等媒体的大力宣传报道。首批"宝善卡"自 2023 年 10 月 1 日正式启用，全区各大政务服务窗口、重点商圈、景区景点、银行网点、医院，在服务台、引导台、检票口等显著位置设置"宝善卡"使用说明台卡和服务提示，提供持卡人服务便利，并向社会广为宣传，引起广泛好评。一张小小的"宝善卡"，让好人得实惠，实现奉献与礼敬的"双向奔赴"。

培育选树闵行区道德模范"可爱的闵行人"：
凡人微光点亮暖心之城

中共闵行区委宣传部

闵行区道德模范"可爱的闵行人"选树宣传活动作为闵行地区群众性精神文明建设的标志性品牌，自 2003 年推出以来，已累计举办 11 届评选活动，先后涌现出一大批事迹突出、群众认可，具有鲜明时代特征、典型性示范性强的道德模范。他们的身上不仅浓缩了 268 万新老闵行人昂扬向上的精神风貌，更是照亮新时代下奋进前路的温暖力量。

一、聚焦典型培育，打牢选树基础

闵行区积极践行"德厚闵行，文进万家"理念，坚持把道德典型作为有形的正能量、鲜活的价值观，持续开展闵行区道德模范"可爱的闵行人"选树，20 多年间，共评选出 188 名先进个人（集体）为"闵行区道德模范'可爱的闵行人'"（提名），从中产生了 4 位全国道德模范（含提名）、2 户全国文明家庭、17 位"中国好人"及 32 名市级道德典型。多年的坚持，"可爱的闵行人"道德模范选树宣传品牌已经在闵行百姓的心间打下了深深烙印，全区上下学习典

2022 年 11 月 9 日，第十一届闵行区道德模范"可爱的闵行人"发布仪式于上海城市剧院举行

型、崇尚典型、争当典型的良好氛围日愈浓厚，自觉学做"身边好人"已成为闵行人的新时尚。

二、强化宣传教育，创新传播阵地

闵行区扎实打造"可爱的闵行人"主题地标，在区新时代文明实践中心建立"闵行区道德模范好人馆"，并通过培育"可爱的闵行人"专题巡展、"小小讲解员——带你认识道德模范"等文明实践项目，把群众请进来、让道德典型精神弘扬出去。全区 14 个街镇将好人园、好人街、好人廊、好人墙等主题"微阵地"嵌入公园、绿地、园区、商区、街区等群众生活场景，同时，通过"两微一端"媒体平台做好典型事迹宣传，拍摄事迹短视频，利用新媒体宣传矩阵广泛传播，提升道德典型知晓度和荣誉含金量。

三、搭建展示平台，强化示范引领

2024 年 5 月 18 日，"可爱的闵行人"便民服务"大篷车"来到虹桥镇社区，"中国好人"马开阳带队为居民免费理发

2011 年，闵行区成立"可爱的闵行人"志愿服务队，成为上海市首支由道德典型组建的区域性志愿服务队。2015 年，围绕邻里守望、助残帮困、法律援助、家庭教育等紧贴民生所需的十多个类别，创设"可爱的闵行人"便民服务"大篷车"进社区项目，至 2024 年 6 月，累计开展服务 50 余场次，参与的道德典型志愿者 1300 余人次，服务群众达 3.8 万余人次。

2021 年，成立区道德模范"党史学习教育"宣讲志愿服务队，开展宣讲 30 多场次，带头推动党的创新理论飞入寻常百姓家。全国道德模范王海滨推出"别怕擦伤"青少年生命教育活动；全国道德模范提名奖获得者刘燕飞成立"燕飞热线"服务队，深入社区开展为老服务、安全宣教等服务；全国文明家庭代表张灿红依托"彩虹妈妈工作室"，为自闭症患者家庭提供心灵疏导和喘息服务。

四、完善机制建设，深化礼遇关爱

闵行区清晰传递"德者有得、好人好报"价值取向，出台《闵行区道德典型礼遇关爱实施办法（试行）》，包含政治尊崇、窗口服务、文旅体育等39条具体实施明细，全区140余个窗口挂牌为道德典型提供优先服务，10余处文娱设施为道德典型提供免费或优惠服务；制发

举行"红歌颂党恩 铁心跟党走"关爱礼遇
道德（先进）典型专场文艺活动

"闵行区道德（先进）典型文化礼遇卡"，为道德典型提供免费观演服务；实施"健康行动计划"，为道德典型提供免费体检服务，把礼遇关爱道德典型措施真正落到实处、带到典型身边，在全社会形成"崇德向善、德行天下"的浓厚氛围，推动"德厚闵行"建设不断深入。

以三个制度为抓手
让"好人文化"常育常新

金山区精神文明办

近年来，金山区深耕好人文化土壤，不断健全选树机制、丰富宣传路径、提升关爱礼遇、彰显核心价值，充分发挥金山好人在精神文明建设中的领头雁作用，让好人文化成为培育和践行社会主义核心价值观的载体和实践，引领全区崇德向善的社会风尚。

一、"月推季选"力求"新"，让好人培树抓在经常

坚持常态化培树。规范推荐筛选、投票评议、会议评审、征求意见"四个环节"，形成孕育、储存、推荐的良性循环。丰富组织推荐、社会评荐、个人自荐三个渠道，打造三级联动、自下而上、梯次推进的推荐评选平台，形成金山好人资源库。坚持专业化评审。成立专业评委会，进一步规范推荐、审核、

全国道德模范与身边好人（上海·金山）现场交流活动

金山区全国道德模范提名奖获得者为第一届上海湾区"十佳金山好人"颁奖

公示、宣传、表彰等评选程序。每季度结合"专业评审＋大众评审"综合评定意见确定推荐人，向市、中央推介重要典型。坚持向凡人善举倾斜。全区已有2人获全国道德模范提名奖，2户家庭获评全国文明家庭，18人荣登"中国好人榜"，20人（团队）获第一届上海湾区"十佳金山好人"（提名），483人获评"金山好人"。

二、"嘉许帮扶"力求"广"，让好人礼遇做在平常

出台星级志愿服务激励嘉许制度。成立新时代文明实践专项基金，给予星级志愿者礼遇优待，为全区有影响、有创新、复制推广的志愿服务项目提供资金支持。组织开展"金山好人""文明家庭""中国好人"等推荐、评选、表彰活动。完善帮扶慰问机制。帮助解决好人实际困难，为其申请上海市"关爱好心人"专项基金。每年组织专业医疗人员为道德模范进行免费健康检查，送医送药，服务到家。加强重大时间节点慰问。每逢春节、中秋等国家法定节假日，深入困难好人家中登门看望、走访慰问。

三、"宣传弘扬"力求"全"，让好人文化融在日常

夯实好人阵地。打造沪上首座好人主题公园，利用新媒体手段实现手机扫码阅读好人故事、观看好人视频，提升好人公园的互动性。专门开设新时代文明实践之星专栏，全媒体、全方位、多角度对好人典型进行宣传报道，使好人

金山好人主题公园

文化广为人知、家喻户晓，根植于百姓心中。丰富主题活动。开展金山好人文化主题交流活动、道德模范与身边好人现场交流活动、好人事迹报告会等活动，从不同侧面反映出好人的精神特质和感人事迹，交流好人文化背后的基因密码。累计印制"金山好人"书籍5000余册。创作《金山好人赋》，编创《大吴老师》《白衣柔情》《生命行歌》等文艺作品。利用"金山故事"，讲好"好人故事"。建设好人之家。利用好人工作室，设立好人轮值日，开展"相约好人、共享文明"好人集市、好人宣讲、好人沙龙等志愿服务活动。成立区镇两级好人志愿服务队，集结"金山好人"力量，形成好人传帮带、群众共参与的志愿服务浓厚氛围。

探索新路径 搭建新平台

——崇明区消防救援支队以榜样的力量推动社会主义核心价值观建设

中共崇明区委宣传部

为充分发挥先进典型示范引领作用，崇明区消防救援支队、崇明区委宣传部、崇明区委组织部于 2023 年 9 月联合成立以"全国岗位学雷锋标兵"陆科肖为领衔人的道德模范陆科肖"火焰蓝"工作室暨消防员教育活动中心，积极探索践行社会主义核心价值观新路径，营造尊重典型、崇尚典型、学习典型的浓厚氛围。

一、坚持内外联动，加强道德建设

典型引领方向，榜样凝聚力量。崇明区消防救援支队党委高度重视典型培树工作，科学制定典型培树三年规划，建立完善典型人才库，"一对一"量身定制培树目标和成长路径。以陆科肖荣获全国岗位学雷锋标兵、上海市最美退役军人、感动上海年度人物提名奖等荣誉为契机，主动走访区委宣传部、区委组织部等单位，共商成立陆科肖个人工作室事宜，持续扩大先进典型的影响力，用典型力量激励和带动全队消防战士向善向上。第一时间成立工作专班，先后召开联席会议 10 余次，对工作室的功能定位、人员组成、服务内容等进行研究讨论，明确在区新时代文明实践中心建立工作室线下活动场所，细化分工、倒排工期，形成"内外联动、齐抓共管、协调推进"的运行模式，工作室成为加强道德建设、培育和践行社会主义核心价值观的平台。

陆科肖工作室开展雷锋志愿服务活动

二、推出"七大"服务，弘扬文明风尚

陆科肖工作室与辖区老党团员开展党建联学活动

秦承"热情服务、竭诚为民"的工作理念，确定7大类28项优质服务内容。对外，以群众实际需求为出发点，通过点单式提供消防安全培训和演练、工作室流动服务站和"海岛雷锋班"便民志愿活动、消防救援站开放日、国旗下成长暨爱国宣讲主题活动、消防辅助咨询等服务，持续扩大工作室品牌效应，传播社会正能量。对内，通过搭建党建联建平台、开设思政课情景课堂、成立消防员活动中心等形式，定期组织开展仪式教育、联学共建、联谊交友、参观践学等活动，加强与社会单位的互动交流，让指战员了解掌握崇明的历史文化变迁，将"以岛为家、以苦为荣、奉献为本"的海岛精神融入日常教育，提升教育的"一感三性"，弘扬文明新风尚。

陆科肖工作室深入学校开展消防安全宣传

三、优化机制架构，提升服务质效

建立"1+N"的人员架构，明确陆科肖为领衔人，全程参与工作室的各项服务工作。由区委宣传部、区委组织部、区消防救援支队等单位相关职能科室负责人为工作室成员，负责日常服务工作的组织协调。在"文明崇明"、"崇明消防"等微信公众号开设服务预约入口，开通24小时服务热线电话，在工作室和各消防救援站提供现场预约服务，建立"线上＋线下"的便捷预约模式。

实行"点单预约、受理下派、协调对接、开展反馈"一体化服务流程，切实做到为群众办好实事。与央视、上海电视台、区融媒体中心等主流媒体建立协作机制，定期挖掘、宣传工作室的好做法、好经验，充分展现瀛洲"火焰蓝"的良好形象。自工作室成立以来，已开展服务81次，服务对象4957人次，推动社会主义核心价值观建设取得新实效。

家风涵养社风　弘扬传统文化

——上图东馆家谱馆"海上传家风"
系列活动培育践行社会主义核心价值观

上海图书馆（上海科学技术情报研究所）

习近平总书记曾对家庭家教家风建设与社会主义核心价值观建设作出重要指示，"要重视家庭建设，注重家庭、注重家教、注重家风，紧密结合培育和弘扬社会主义核心价值观……使千千万万个家庭成为国家发展、民族进步、社会和谐的重要基点"。

家风、家规、家训是家谱重要组成部分，上海图书馆是国内外收藏中国家谱原件最多的公藏机构，东馆家谱馆基于丰富的家谱馆藏，以"海上传家风"示范点为中心，在涵育家庭文明、以家风促社风，培育践行社会主义核心价值观中发挥卓有成效的作用。

一、设立"海上传家风"示范点

发挥资源优势。2022 年 9 月，市文明办、市妇联为家谱馆颁发了"海上传家风"示范点的铜牌和证书。上图东馆家谱馆利用馆藏资源优势，发挥家风家训资源集成平台宣传展示作用，为打造社会主义核心价值观建设阵地树立了典范。弘扬优良家风。通过示范点的设立，家谱馆深入挖掘、宣传家谱中的优秀家规家训，由此举办实物展"德厚流光——馆藏家风家训主题展"，传播中华民族传统美德。

"海上传家风"示范点

二、盘活家风文化资源

主题深化阅读。专设"家风家范"和"廉洁文化"两个主题书架，将相关书籍集中展示，促进社会主义核心价值观广泛传播。展陈融入阅读。多样展陈诠释家风文化，促进社会主义核心价值观创新性传播。专题展"海上传家风"以艺术书架展示家风家训，以福卡书写活动号召读者参与家风建

清白传家——廉洁文化主题文献展

设。实物展"清白传家——廉洁文化主题文献展"以馆藏家谱为主，集多种文献，宣传廉洁理念、廉洁典型。该展被纳入 2024 年上海市党纪教育相关活动。多媒体互动展"探姓觅谱"，读者将在互动中体会家规家训的内涵。活动引导阅读。推出家风家训主题讲座及活动，促进社会主义核心价值观持续传播。邀请专家进行家规家训主题讲座。举办 5 场亲子活动和 6 场由馆员主讲的主题讲座，将家庭家教的重要性植入孩子和家长的心中。截至 2024 年 6 月，家谱馆已接待团队 398 个，共 5617 人。观展读者约 120 万人次，参加活动共 2524 人次。

三、共建家风文化品牌

与上海市民政局共建并深化项目合作。2021 年 1 月，双方合作推出"上海传承家谱家训服务平台"，引导市民以优良家风守护婚姻家庭、幸福生活。共建合作优势互补促发展。与东航客舱服务部乘务七部第一支部合作共建，2023年至 2024 年 6 月，已为空乘志愿者进行 8 次培训，协助空乘人员一同为读者提供讲解服务。双方优势互补，以这一创新的服务模式带领读者探寻家族源流，了解家谱知识，探寻姓氏渊源，感受家谱文化。支持并参与上海市文化润

家风家训主题展送到莎车县图书馆

疆项目。将"德厚流光——馆藏家风家训主题展"带去莎车、泽普，以实际行动支持文化润疆，促进中华民族共同体意识的巩固。开展文献党课主题宣讲。探寻并创作红色家谱文献党课，为全市基层党组织提供服务，面向大众普及红色家谱知识，弘扬爱国主义精神。

弘扬科学家精神　推进馆校协同育人

上海交通大学钱学森图书馆

上海交通大学钱学森图书馆深入学习贯彻习近平新时代中国特色社会主义思想，围绕立德树人根本任务，坚持以科学家精神培根铸魂，做好科学家精神弘扬、博物馆文化育人"大文章"，着力建好博物馆"大学校"，从课程资源、活动载体、协同育人三方面推动科学家精神有机融入培育践行社会主义核心价值观各项工作。

一、聚焦价值引领：立足精神叙事，开发课程资源

编研读本，做好资源转化。围绕科学家纪念馆红色文化提升青少年精神素养，依托馆藏6.2 万余件/套文物，编研推出《钱学森精神读本》《羁绊与归来：钱学森回国历程（1950—1955）》《听馆长讲钱学森故事》等读物，配套推出线上线下课程资源。聚焦教育目标，开发思政课程。加强馆校合作，聚焦人才培养、青少年理想信念教育，针对不同学段设计推出"钱学森与中国科技事业""机器的征途——空天科技""寻访科学家精神博物馆大思政课""加速，起飞了"等课程，服务 15 所大中小学校。

2023 年，钱永刚馆长在场馆为
钱学森班开展大思政课现场教学

二、突出实践导向：创新方式方法，丰富活动载体

举行主题宣讲，厚植家国情怀。成立钱学森精神宣讲团，组织专家开展宣讲主题内容研讨，启动"弘扬科学家精神"全国巡回宣传展示活动，构建

2023 年暑期，钱学森图书馆举行"行走的
音乐党课——博物馆越夜越动听"活动

"1+1+X"模式，举行巡讲巡展 80 余场，覆盖 11 个省市，受众超 20 万人次。艺术演绎打造"情境课堂"。推出原创诗剧《钱学森》、剧本体验《归乡 1955》、音乐会《越夜越动听》等多元艺术形式，邀请专业演员与在校学生共同演绎，近距离感受科学家精神。沉浸式"行走"深化学习体验。钱学森图书馆融合党史校史，推出"重走学森路"学习路线和"行走的音乐党课"，将思政"小课堂"搬上社会"大舞台"，用好用活红色资源打造鲜活载体。志愿服务促进知信行统一。上海交通大学"声入人心"宣讲团、"红印"宣讲团、"星空少年讲解团"等不同年龄志愿者在志愿讲解服务实践中完成科学家精神聆听者向传播者、践行者的转变。

三、深化机制建设：围绕馆校合作，推进协同育人

整合资源建好"大基地"。钱学森图书馆与上海交大马克思主义学院、徐汇区教育局、上海交通大学出版社四方共建，以示范性、引领性、创新性的大中小一体化"大思政课"实践教学基地，推动形成培育时代新人的育人合力。共享资源发挥集成效应。依托场馆、课程、师资、藏品等资源，集合思政教室、思政图书室、思政备课室、思政工作室和思政资源库五大功能，推出全国首个以"博物馆+大思政课"为主题的综合性思政教学体验空

2023 年，钱学森图书馆与田林三中联合
设计的寻访科学家精神博物馆大思政课

钱学森图书馆与徐汇区教育局、交大马院、
交大出版社共建大思政课实践教学基地

间——"学森·思政讲堂"。凝聚合力做强"大师资"。探索形成场馆资源开发（基地）——实践教学课程设计（高校马院）——馆校合作机制建设（教育主管部门）——案例成果转化推广（出版机构）四大环节的"大思政课"育人链条，综合提升"大师资"队伍教学育人能力。通过仪式教育、学科教育、活动教育、实践教育、项目化学习等方式，实现课程目标、课程设置贯通衔接，完善大中小一体化思政育人体系。

选树航天奋斗典型　引领科学进步风尚

上海航天技术研究院

党的十八大以来，习近平总书记多次点赞先进典型和模范，号召学习先进典型，学习先进榜样，强调"实现中华民族伟大复兴，需要更多时代楷模"。上海航天技术研究院坚持"三个注重"，深挖掘、严选树、广宣传，持续加强航天奋斗典型的选树推广，培养了一批大国工匠、道德模范、感动人物，讲好航天人航天事，为全社会践行社会主义核心价值观提供了学习范本，引领了崇尚科学、奋进向上的社会风尚。

一、注重面向一线，深入基层前线，打造"榜样的孵化器"，争创先锋营地

构建起国家级、省部级、集团级、院级、所级五层级先进典型矩阵，坚持分层分类培育，层层递进选拔，梯队式培养。所层面坚持"一线导向"，坚持

2023 感动上海年度人物——空间站梦天舱团队

荣誉奖项向一线人员倾斜，营造了"尊重人才、爱惜人才"的浓厚氛围。院层面注重建平台，通过最美上海航天人、十大杰出青年等活动选树典型，同时注重搭梯子，通过报纸专栏、媒体宣传、荣誉申报等形式向更高层级推介。近年来，上海航天选树全国道德模范、全国好人、大国工匠王曙群，全国最美退役军人和全国模范退役军人张励，培养和推荐长六甲团队、张玉花、空间站梦天舱团队等9个优秀团队和个人获评"感动上海十大人物"，上海航天保安特卫队等6个团队和个人获评"上海市最美退役军人"等荣誉，每年推出一批全国五一劳动奖章、全国三八红旗手、全国青年岗位能手标兵、上海市五一劳动奖章等典型人物，表彰最美上海航天人、十大杰出青年等八院典型人物，成为弘扬航天精神的旗帜和标杆。

二、注重实绩实干，突出急难险重，做好"榜样的炼金石"，无愧旗帜标杆

始终倡导"奋斗"的价值导向，结合航天精神、科学精神和工匠精神，聚焦重大工程任务，聚焦急难险重，聚焦综合素养，聚焦广泛认可，推动在典型选树中形成见贤思齐、争做先锋的良好氛围。作为典型代表，全国道德模范、全国好人、大国工匠王曙群先后参与神舟、天宫、天舟、嫦娥等型号科研生产和发射任务。他扎根在航天生产一线，从一名技校生成长为大国工匠，带领着一群航天工匠打造国之重器。其间，王曙群作为团队成员之一，攻克了航天超细直径小腔检漏管路制造技术，交付的产品参与了载人航天工程的十余次飞行试验的考核，均取得圆满成功，为空间站建设任务的顺利实施奠定了技术基础，相关技术在飞行器及地面密封检测设备等航天产品中得到推广使用。

全国道德模范、全国好人、大国工匠——王曙群

三、注重作风素养，突出感召力影响力，做好"榜样的传声筒"，引领社会风尚

坚持全方位打造人才，强调榜样要能立得住，获得广泛认可，能带动全社会向榜样看齐；坚持全方位塑造人物，扩大宣传影响，营造"学有榜样、感有方向、进有力量"的良好氛围。选树"921"团队、长征六号团队等优秀代表，推出一系列航天精神宣讲会和航天思政大讲堂，举办两场市级航天精神报告会，在政府、机关、高校、社区持续扩大航天典型的影响力。在《中国航天科技活动蓝皮书（2022）》发布会、第十届航天技术创新国际会议、央视焦点访谈、2023 中国网络媒体论坛进基层等平台，和媒体联合推出 10 名专家全网分享所在领域的前沿成果，推荐专家参与微博之夜、上海电视台《思想耀征程》、文汇报《大家聊创新》《开学第一课》等专题录制，让航天的知识家喻户晓，让航天的榜样成为带动全社会崇尚科学、奋进向上的学习典范。

"我想上太空"之航天思政大讲堂

在家门口讲好人故事　用"明灯"点亮社区之光

国网上海嘉定供电公司

　　国网上海嘉定供电公司积极培育和践行社会主义核心价值观，不断深化先进典型人物挖掘、选树和培育工作，充分发挥"全国五一劳动奖章获得者""中国好人"钱忠引领作用，以及国网上海电力明灯（嘉定）共产党员服务队（以下简称"服务队"）"全国学雷锋活动示范点"阵地优势，于 2023 年 9 月携手嘉定区马陆镇属地政府共同在白银社区打造"好人联络点"暨"明灯"（嘉定）社区志愿服务站（以下简称"好人联络点"），放大好人品牌效应，引领身边更多人学习好人、争做好人，共同营造崇德向善、见贤思齐的良好社会风尚。

一、把准定位，选树立得住的榜样楷模

　　立足电力行业领域。好人联络点以带电作业班班长钱忠为主要展现人物，从讲述钱忠自十八岁加入电力行业的成长故事中，描绘电力服务社会生产生活的生动景象，展现电力发展的时代变化，折射出不断赶超的中国速度。立足时代精神传承。以钱忠扎根一线，深耕带电作业岗位三十七载的奉献故事，诠释其对"让亮起来的灯不灭"庄严承

2024 年 3·5 学雷锋期间，钱忠至嘉定疁城实验学校开展电力实景课堂进校园活动

诺的坚守，展现平凡电力员工"择一事，忠一生"的敬业担当精神。立足社会引领需求。发挥钱忠作为"中国好人"的示范作用，挖掘其将敬业奉献融入生活日常，时刻践行着"架好电力连心桥"的誓言，开展帮扶助学、宣传用电知识、帮助老弱病小等事迹经历，积极培育和践行社会主义核心价值观。

二、立体宣传，弘扬唱得响的时代精神

　　打造实景式宣传阵地。好人联络点以实体展厅的方式设立在白银社区邻里

"好人联络点"开展微访谈活动

中心，长期对外开放，通过文化展板、影像视频、宣传手册以及专人讲解等方式，在社区居民"聚集区、加油站"实景式展现社区邻居"中国好人"钱忠的先进事迹。打造交互式宣传剧场。通过开展情景剧、微访谈、劳模面对面等活动，突破传统场域叙事模式的限制，营造有体验、有深度的交互式剧场，让社区居民真正走近好人、了解好人，提高宣传实效。打造融媒体宣传矩阵。构建多元化的新媒体宣传矩阵，利用交互式图文、直播互动等方式，推动融媒体创新表达。持续丰富宣传渠道，积极与各类社会媒体沟通协作，策划"中国式现代化奋进者——钱忠"主题宣传，共同营造学习好人、宣传好人、争当好人的浓厚氛围。

三、特色实践，营造行得正的社会风尚

发挥电力专业优势。好人联络点作为延伸电力服务触点的新阵地，定点提供居民办电的优惠政策咨询服务，"零距离"服务用户办电，把实惠带到用户"家门口"，当好社区时刻在线的"电力管家"。拓深阵地服务职能。好人联络点安排社区定向联络员，收集社区居民用电用能方面的需求和建议，在遇到具体诉求时，钱忠和服务队队员将进行上门服务，全面当好居民身边的贴心"电小二"。聚焦用户实际需求。好人联络点以社区居民为服务对象，围绕居民"家庭""出行""校园"等用电场景，推出智慧用电、电力科普等6类定制服务，定向打造适应社区居民实际用能需求的电力志愿服务，以特色实践行动助力营造崇德向善的良好社会风尚。

"中国好人"钱忠在"好人联络点"
为社区居民讲述冬季安全用电注意事项

用至臻服务为美好生活提供最佳航空保障

上海机场集团

机场集团所属虹桥机场的安检"吴娜通道",是以党的十九大和二十大代表、全国劳模吴娜命名的安检品牌通道。近年来,"吴娜通道"积极践行社会主义核心价值观和"美好生活的最佳航空保障"企业使命,通过推广实践"劳模工作法"、创新技术攻关、加强团队培育等手段持续提升上海机场空防安全和服务品质,成为守护旅客平安出行、展示城市窗口形象、基层积极践行社会主义核心价值观的一张"闪亮名片"。

一、至臻服务"加油站",示范引领提品质

"吴娜通道"积极践行"安全至上、服务至臻、担当有为、协作共进"的企业精神,充分发挥品牌通道的创新示范引领作用,先后创新和优化了"十字、品字检查法""回形、九宫格判图法""登机牌折叠法""三到位、三主动服务法""验证手势引导"等安检工作法,并在虹桥机场其他安检通道推广

党的十九大和二十大代表、全国劳模吴娜

应用。团队成员还在总结服务常用英语对话的基础上编写了《岗位英语服务手册》,为外籍旅客提供更好安检服务。在"吴娜通道"的辐射引领下,虹桥机场安检逐步创建了"匠心通道""季芳通道""安馨通道"等多个优秀服务品牌,助力虹桥机场服务品质再上新台阶。

二、创新成果"攻关站",赋能新发展引擎

作为虹桥安检各类新技术、新流程先行先试的"试验田","吴娜通道"在上海两场中率先进行了安检长通道改造、率先引入了首条人脸识别系统通道、

率先开发试行人脸自助验证闸机、率先引入 AI 自动判图技术，在进一步提升安检科学性准确性的同时，持续优化旅客过检效率和过检体验。此外，"吴娜通道"立足现场管理、业务技能、服务品质，先后开展了《如何提高开箱岗位旅客满意率》《岗位形象管理》《双视角 X 光机的应用操作》《AI 系统自动判图数据采集与分析》《智能通道效率提升》等课题研究，形成了多个关于安全裕度提升、服务品质升级的应用成果，有力助推了虹桥机场安检在新技术新成果方面的转化与运用。

三、人才培养"孵化器"，接续传承展新形象

"吴娜通道"在团队建设方面始终坚持"以典型促发展，以发展育先进"理念，既是引领示范的平台，也是人才培育的"摇篮"。通道在成员选拔上优中选优，以师徒带教促进团队业务技能全方位提升，以"吴娜通道"为实践基地为机场安检储备更多专业技能人才。在"吴娜通道"的孵化下，虹桥机场先后培育了全国民航五一劳动奖章获得者、上海机场首届最美工匠张季芳，上海市用户满意服务明星马世恭等一批优秀员工。虹桥安检"安捷组"先后获评首届中国国际进口博览会"最美服务窗口"、全国交通运输行业文明示范窗口、上海市优秀服务品牌、上海市文明示范窗口等诸多荣誉，取得良好社会反响。

以"吴娜通道"为实践基地为机场安检储备更多专业技能人才

五　制度保障

率先探索社会主义核心价值观入法入规的上海实践

中共上海市委宣传部

党的十八大以来，上海大力培育和践行社会主义核心价值观，着力推进核心价值观融入法治建设。市委宣传部会同各有关部门，协同专业院校和智库机构，积极开展探索实践，通过建机制、立规范、抓审查、促研究等一系列工作举措，有效推进社会主义核心价值观入法入规工作在上海率先落地落实。

一、建立多方联动、协同发力的工作机制

探索建立工作机制，推动各部门各方面在工作协同、信息共享、智力支持等多个方面通力协作。成立协调小组。按照中央文件要求，市委宣传部牵头成立上海市社会主义核心价值观入法入规协调小组，建立了党委统一领导、宣传部门牵头抓总、相关单位分工明确、社会各方积极参与的组织领导体系。制定本市方案。结合上海实际，研究制定《关于建立本市社会主义核心价值观入法入规协调机制的工作方案（试行）》，形成定期会商、进度通报、文件流转等工作制度。同时，将有关工作要求列为意识形态工作责任制重点任务并纳入本市意识形态工作责任制考核。成立研究基地。本市协调小组与华东政法大学联合成立"上海市社会主义核心价值观入法入规决策咨询研究基地"，基地在协调小组指导下协助开展审查工作、提供智力支持。

2023 年度上海市社会主义核心价值观入法入规工作研讨会

二、完善严肃认真、有机融入的工作流程

不断优化工作流程，促进审查与立法有机融合，确保审查高效有效。持续优化工作流程。立足实践经验，起草《上海市社会主义核心价值观入法入规审查工作规范》，不断探索、动态调整符合本市实际的工作方案和操作指南。审慎确定审查范围。聚焦本市核心价值观建设重点领域，在将市人大常委会、市政府立法工作计划各项目作为审查范围的基础上，探索将本市现行地方性法规和政府规章纳入审查范围。严肃开展审查工作。对照工作规范，结合立法工作节点，在广泛听取相关意见的基础上选定年度"重点审查项目"并予公布。通过全程参与起草工作，动态反馈相关意见，促成修改完善。截至2024年初，已累计审查10部法律法规，协调小组提出的近60项审查意见被有关起草单位吸纳。

三、强化审查为先、研究助力的工作模式

立足社会主义核心价值观入法入规实践探索，推动理论研究与审查实践同步发展。发挥研究机构专业支撑作用。将上海社科院、上海市法学会等研究机构和学术团体纳入协调机制，委托华东政法大学推动本市决策咨询研究基地的日常研究，持续为审查工作提供理论支撑。发挥重大课题示范带动作用。落实中宣部要求，围绕核心价值观建设的上海实践，开展"核心价值观建设问题研究""核心价值观入法入规协调机制建设研究"等系列课题调研工作。积极开展沟通协作，推动"社会主义核心价值观融入法治建设"纳入上海哲学社会科学年度课题指南，指导研究基地发布、完成《社会主义核心价值观融入上海市就业促进立法研究》等课题项目。发挥学术活动平台聚合作用。依托上海法治文化节，广邀知名专家学者，举办主题论坛、学术会议，凝聚社会各界共识，促进研究成果转化。

推动社会主义核心价值观入法入规，是培育和践行社会主义核心价值观的一项重要举措。本市协调小组将以习近平新时代中国特色社会主义思想为指引，坚持更高站位、对照更高标准、付出更大努力，在核心价值观入法入规建设中持续探索、走在前列、发挥示范，为加快建设具有世界影响力的社会主义现代化国际大都市提供强大的精神力量。

完善机制建设　深入开展"光盘行动"

上海市精神文明建设办公室

习近平总书记一直高度重视粮食安全，大力提倡"厉行节约、反对浪费"的社会风尚。上海市精神文明办创新工作举措，巩固长效机制，倡导培育文明健康生活方式，在全社会持续深入推进"光盘行动"工作。

一、注重增强合力，在顶层设计上着力

联合市商务委、市机管局等印发《关于在社会餐饮服务领域开展光盘行动的工作方案》，健全餐饮行业"光盘行动"管理制度和规范标准体系，探索建立餐饮用户奖励机制。结合文明城区等各项创建评定工作，指导文明创建主体认真落实"文明餐饮""光

餐饮企业走进中小学宣传光盘行动

盘行动"等工作要求。市机管局将"光盘行动"作为节约型机关创建重要指标，市发改委印发加强粮食节约和反食品浪费重点任务安排，市教委发动各高校开展全覆盖宣传教育，市民政局要求社区食堂杜绝餐饮浪费，市文化旅游局拍摄文明旅游宣传片引导游客文明用餐，市市场监管局开展制止餐饮浪费专项行动。

二、激发参与热情，在主题活动中聚力

结合市民修身和文明风尚专项行动，开展各类主题宣传教育活动，普及健康生活方式，以重点人群带动全民参与"光盘行动"。在第43个世界粮食日，会同市商务委举办深化"光盘行动"、践行"文明餐饮"主题宣传活动，启动上海市"光盘行动"标识征集，推出深化"光盘行动"创新举措，机关、学

上海市"文明餐饮　光盘行动"主题宣传活动

校、行业协会、餐饮企业和市民代表联合发出倡议。开展"上海市文明餐厅"推选工作，鼓励社会各类餐饮企业积极参与。围绕"我们的节日·精神的家园"主题，发动各区结合工作实际，突出勤俭节约、文明过节等要素，广泛开展"光盘行动"系列主题活动。

三、强化氛围营造，在宣传引导上发力

聚焦"节约光荣、浪费可耻"的导向要求，加强宣传力度，让制止餐饮浪费成为全社会的自觉行动。以迎接第六届进博会为契机，面向参展商、专业观众、展馆内就餐人群和餐饮企业，积极宣传"光盘行动、文明用餐"理念。在上海交通广播推出《有请发言人》专题访谈，邀请专家学者与市民群众互动问答，倡导绿色消费。创制"光盘行动"主题宣传海报，配送至全市各基层社区，在地铁公交移动电视、户外电子屏、楼宇视屏等7万余个端口同步刊发。推出《幸福在生长》上海市文明培育系列读本、"魅力上海　文明有我"连环漫画专题巡展，向未成年人宣传勤俭节约美德和文明餐饮理念。

四、坚持久久为功，在落实落细上用力

坚持把"文明餐饮""光盘行动"工作抓在经常、融入日常。结合第六届进博会、文明创建巡礼、市民故事大赛等重点活动，组织各区常态化开展宣传教育。持续发挥好创建示范引领作用，在测评体系中，进一步细化文明餐饮、制止餐饮浪费要求，结合城区文明进步指数测评等开展集中测评和抽查暗访，加强日常监督考核。深化文明餐厅推选，广泛发动、好中选优，激励餐饮企业自觉做制止浪费、文明餐饮的宣传者、践行者和监督者。

黄浦区市场监管局开展"文明餐厅"创建指导工作

打造培育和践行社会主义核心价值观新时代法治样本

——上海法治文化节

上海市司法局　上海市法治宣传教育联席会议办公室

2022年起，市委宣传部、市委依法治市办、市法宣办、市司法局共同主办上海法治文化节，深入学习宣传贯彻习近平法治思想和习近平文化思想，打造培育和践行社会主义核心价值观新时代法治样本。

一、坚守红色初心，大力弘扬红色法治文化，提升法治文化引领力

红色法治文化资源挖掘保护。充分发挥上海作为党的诞生地、初心始发地、伟大建党精神孕育地的丰富红色资源优势，深入挖掘上海红色资源的"法治基因"，开展建立我市红色法治资源名录工作。社会主义核心价值观融入法治。成立我市社会主义核心价值观

红色法治主题戏剧《辅德里》剧照

入法入规决策咨询研究基地，举办"依规治党与社会主义核心价值观融入法治建设"专家论坛，开展社会主义核心价值观融入法治成果展示及典型案例宣传。浸润式红色法治文化活动。创作红色法治主题戏剧《辅德里》、话剧《立场》等，推出红色法治文化打卡路线，开展沉浸式党内法规主题学习宣传活动等，充分发挥红色法治文化在价值塑造、精神支撑和铸魂育人等方面的功能作用。

二、点亮万家灯火，充分彰显人民城市魅力，绽放法治文化生命力

2024 年上海市优秀法治文化作品展

法治文化融入人民城市建设实践。校园法治文化集市、新就业形态劳动者法律服务百场活动、"科技助残 法治护航"残疾人主题活动等聚焦青少年重点群体和新业态、残疾人等特殊群体主题活动接续开展。法治文化可亲可感。"汪汪队，集合"轨交警犬秀、沪尚新"枫"景法庭打卡、"保护中华鲟，共护长江美"珍稀濒危水生生物增殖放流、城管"法"式 City Walk 等一批喜闻乐见的法治文化活动在寓教于乐的氛围中提升市民对法治社会的认同感。法治文化共建共享。举办上海市优秀法治文化作品征集展播活动，全市各区开展优秀法治文化作品线上线下巡展。抖音、哔哩哔哩"上海法治文化节"话题短视频创作，元梦之星"星宝守护"法治文化地图征集、法治剧本杀等法治文化活动参与和阅读量突破千万余人次。

三、汇聚新质动能，科技助力法治文化建设，增强法治文化影响力

长三角法治文化协同共建。第二届上海法治文化节首次成立了长三角法治文化共建共享联盟，一批各具地方特色的法治文化节目在开幕式上首次同台演绎，为促进长三角区域高质量发展凝聚深厚法治共识。法治赋能一流营商环境。开展企业法务技能大赛、国际经贸合规指引和系列课程、知识产权保护宣传月等主题宣传活动，以专项普法助力优化法治化营商环境。科技赋能法治文化提档升级。推出 AI 普法数字人"法申申"，打造 AI "普法客厅"、人工智能法律咨询大模型等法律科技产品。涉外法治文化建设。开展国际邮轮等航运领域专题普法，举办涉外法治大讲堂系列讲座。通过招募"外籍法治宣传志愿者"等方式，讲述新时代上海法治故事，传播中国法治声音。

红色法治文化情景剧"开天辟地——《中国共产党第一个纲领》的诞生"

　　法治文化节每两年举办一次，2024 年 6 月 12 日第二届上海法治文化节闭幕。两届法治文化节共举办 3789 场线上线下活动，累计参与人次超 1802 万。

依托"15分钟社区少先队幸福圈"开展少年儿童思想政治引领工作

共青团上海市委员会　少先队上海市工作委员会

"15分钟幸福圈"标识

上海少先队围绕"15分钟社区生活圈",立足少先队"幸福教育",以社区为主平台,打造"15分钟社区少先队幸福圈"(简称"15分钟幸福圈"),为少年儿童创设家门口的实践平台。

一、突出队员主体性,引导队员担当社区小主人

一是优化活动设计。尊重少先队员的年龄特点和成长特性,不断加强社区少先队员活动供给,推出"15分钟幸福圈"争章15事,其中有参加一个楼组小队、邀请爸妈做一次校外辅导员、参与布置一次"最美楼道"、会玩一种传统游戏、每日为爸妈做一件家务劳动、每天与爸妈进行一次亲子阅读等,15件寓教于乐、易于参与的争章活动,激发了少先队员融入"15分钟幸福圈"的内在动力。

二是完善制度保障。通过推行"学校、社区双报到"制度,进一步加强社校联动,探索打造线上报到平台,引导少先队员在课余回到社区,以社区楼组小队、假日小队、志愿服务小队等多种组织形式参与"15分钟幸福圈"活动,做到队员按时线上线下报到、按需参与活动。

上海市红领巾"15分钟幸福圈"争章15事

二、调动家长积极性，吸引亲子参与社区共成长

一是坚持示范引领。"15分钟幸福圈"圈出了"就近就便、功能互补"的活动空间，也为家长创造了"共事"机会。持续加大典型挖掘力度，向全市推广"幸福'双减'大转盘"模式，队员轮流担任队长，家长轮流担任校外辅导员，形成家长和队员的"双轮"良好互动。如

新泾镇15分钟社区少先队幸福圈

静安区临汾路街道"好爸爸讲师团"，组织一批有育儿经验的父亲从课堂走向社区，搭建起"老爸小讲堂"。又如卓悦居居民区"好妈妈议事会"，由一群热心参与社区治理的妈妈组成，策划亲子活动的新花样。

红领巾新闻评论员挑战赛

二是积极营造氛围。持续加大宣传报道力度，倡导"共享父母"理念，引导各社区少工委依托"15分钟幸福圈"，邀请具备专业能力的家长担任少先队校外辅导员，统一颁发聘书，让家长亲身参与"15分钟幸福圈"建设。组织开展红领巾新闻评论员挑战赛，引导少先队员以视频记录"双减"后在"15分钟幸福圈"的见闻和体会。还在"萌动上海"微信公众号开辟"红领巾晒幸福"栏目，聚焦特色做法，挖掘创新经验。

三、打造体系完整性，完善各方支持社会化格局

一是坚持组织育人。将青少年宫作为少先队迈向社会的重要支点，将合规公益的校外培训机构作为少先队组织迈向社会的重要增长点，推进市区两级青少年宫建队，建立完善少年宫少工委的运行机制，助推"15分钟幸福圈"不断夯实。如发现挖掘小荧星等公益合规的校外机构，考察其教育理念和管理机制，帮助具备建队资质的校外培训机构建队，有效服务"双减"后社区少先队员的健康成长。

二是形成特色品牌。与华东师范大学少年儿童组织教育研究中心开展学术研讨，总结特色做法和案例。静安区少工委制作《静安区社区少先队入门宝典》，推出社会实践地图，上线"红领巾心向党 小小追梦人"小程序，打造"静安红领巾小先锋"品牌。黄浦区少工委组织各社区少先队员走进142处红色革命遗址遗迹，打造"黄浦少年说"品牌，将少年儿童政治启蒙进行生活化、场景化阐释。

用"心"看护　"托"起未来
——上海市小学生爱心暑（寒）托班让快乐不简单

共青团上海市委员会　上海市教育委员会

团市委、市教委联合各主办单位，自2014年起，开办上海市小学生爱心暑托班，为小学生提供公益性看护，切实缓解小学生暑期"看护难"问题。自2024年起，创新开办小学生爱心寒托班，将爱心托管从暑假延伸至寒假。截至目前，暑托班已连续11年成为市为民办实事项目，2023年首次纳入市民心工程。暑（寒）托班累计办班3733个，服务小学生35万人次，8.5万余名大中学生志愿者在爱心托班的社会实践中成长。央视《焦点访谈》《新闻直播间》、新华社等予以关注报道。

爱心暑托班结业仪式

多年来，爱心暑（寒）托班一直在探索中不断改进完善，形成"市级统筹、区级操作、街镇办班、学校支持、社会协同"的操作模式和制度体系。

一、分层落实主体责任，构建多元化机制

爱心暑托班学生合影

办班主体多元化，能有效发动社会各界力量深入社区，共同关心关爱小学生假期生活。主办单位尽职尽责。横向上，牵头和主办共18家单位各司其职、协同发力；纵向上，市、区、街镇三级团组织勇挑重担、分级负责。党团组织守土有责。暑（寒）托

班是一项集聚基层党、团组织服务社会建设、参与社区治理的"全要素"工作。各街镇大多由党政主要负责同志牵总，团（工）委具体执行。办班人员认真履责。每个办班点均配备班主任、大中学生志愿者，每年约有13000名青年志愿者参与服务。

二、各方协同保障办班，构建社会化机制

暑（寒）托班各类要素资源社会化募集、社会化参与，众筹众包众创、共治共建共享的理念深入人心。实现办班协同。充分发动相关高校、机关、企事业单位团组织盘活各类资源。如在园区、楼宇、首批"新时代城市建设者管理者之家"开设办班点，直接满足来沪新市民、一线务工人员及"新业态、新就业"领域青年需求。共筑安全防线。发动教育、公安、卫生疾控、市场监管、消防等专业力量，建立安全检查、联防联控的工作机制。构建内容体系。"定制式"教学与"菜单式"选学相结合。开发"开班第一课"，推动习近平新时代中国特色社会主义思想入脑入心。整合多方优质资源"组团式"服务，每年提供超过8万课时的公益活动。多方巡点督查。组建市、区两级暑（寒）托班专项督查组，形成安全自查、互查与第三方检查相结合的督查措施，开展多轮全覆盖巡点和"四不两直"方式为主的安全检查。

爱心寒托班开班安全第一课

三、统一规范管理模式，构建标准化机制

暑（寒）托班在工作规范、卫生健康、安全管理、育人机制等方面注重标准化制度、品质化办班，加强规范运营。制订可复制推广的工作制度。及时总结每年办班成果，发掘典型，形成可复制推广的制度和案例。建立权责明晰的考核制度。明确各方权责，将办班绩效纳入各方考核。如将高中生参与暑

（寒）托班志愿服务纳入综合素
质评价，将大学生参与暑（寒）
托班志愿服务与"第二课堂成
绩单"相结合。统一搭建综合
管理服务平台。积极推进数字
化转型，搭建综合服务平台和
可视化管理平台，推动暑（寒）
托班融入"一网通办"和"一
网统管"建设。

爱心暑托班开展乐高体验活动

将践行人民城市理念
贯彻《上海市妇女权益保障条例》立法全过程

上海市妇女联合会

习近平总书记强调，要把保障妇女权益系统纳入法律法规，上升为国家意志，内化为社会行为规范。这与社会主义核心价值观一脉相承，紧密呼应。妇联始终牢记党的嘱托，在深入贯彻男女平等基本国策，实现妇女全面发展的道路上，大力弘扬和践行社会主义核心价值观，切实发挥群团组织独特的作用。

《上海市妇女权益保障条例》颁布一周年纪念大会现场

2023年1月1日《上海市妇女权益保障条例》(以下简称《条例》)与新修订的《妇女权益保障法》同步实施。该法规在立法全过程深入践行全过程人民民主，在立法原则上全面贯彻男女平等基本国策，在立法内容中广泛回应群众权益需求体现公平正义，成为践行社会主义核心价值观的生动实践。

一、弘扬民主精神，发挥群团优势，践行全过程人民民主理念

市妇联在全过程参与立法中，深入调研、广泛动员、民主参与、多方协商，让更多妇女参与到立法中来，将更多妇女群众心声传递至立法各环节，让妇女享有的各项权益更加充分。在全国人大基层立法联系点古北市民中心设立上海市首个妇联基层信息采集点，不仅进行法规政策性别平等审查，还将男女平等基本国策依法保障妇女权益的意志传递给老百姓。《条例》广泛征询意见期间，该联系点6条建议被采纳。同时推动《条例》把践行全过程人民民主重大理念写入法条（第八条），率先将党的二十大报告中确定的"深化工青妇、团

妇女群众参与议事

委、妇联等群团组织改革和建设，有效发挥桥梁纽带作用"要求第一时间以法的形式固定下来。

二、坚持平等原则，贯彻基本国策，为实现权益扫清障碍创造条件

在参与立法时，市妇联着眼于性别友好型城市发展前瞻视角，将"平等"的理念贯穿始终，推动落实到具体条款。《条例》明确了促进性别平等、消除性别歧视的总原则，为促进性别平等，新增了一系列具体制度。提出建立健全妇女发展状况统

专家学者就男女平等、妇女权益保障展开充分讨论

计调查制度、完善性别统计监测指标体系、定期发布社会性别统计报告，建立健全性别平等咨询评估制度，适时对涉及妇女权益的地方性法规、政府规章和其他规范性文件开展源头评估，明确将男女平等教育纳入国民教育体系，增强全社会的男女平等意识。这些条款充分保障了妇女享有城市管理的温度和准度，高度契合社会主义核心价值观。

三、捍卫公平正义，依法维护权益，彰显社会主义公正法治内涵

边维权边普法

市妇联主动对接、多方呼吁，力争增加托底性、保障性条款为妇女社会参与、家庭生活、全面发展提供支持。经反复协商，法规明确加快研究制定适龄未成年女性接种 HPV 疫苗相关落实政策，将分娩镇痛和适宜的辅助生殖技术项目按程序纳入医保基金支付范围，将婚姻家庭纠纷预防化解全面纳入本市公共法律服务体系，将女职工劳动保障、反对就业歧视纳入劳动监察范围并对违法行为开展约谈。此外，家暴告诫书、人身安全保护令、公益诉讼、帮扶救助等方面的制度保障进一步明确，促进妇女维权法治屏障更加牢固，全社会保护和尊重妇女的良好氛围蔚然成风。

打卡望江驿　领略"法治绣带"

浦东新区司法局

如何为社会主义核心价值观提供具体可感的法治注脚，让法治精神深入城市肌理？浦东新区司法局在2022年上海首届法治文化节期间，开发"遇见法治　滨江GO！"滨江东岸法治漫步打卡线路，推出"与法有约"慕课，将法治宣传巧妙融入黄浦江"世界会客厅"和"一江一河"文旅新空间的重要载体滨江22座望江

"法治巴士看浦东"1号望江驿打卡海报

驿之中，昔日"工业锈带"转变为多彩"生活秀带"，逐步成为彰显社会主义核心价值观的"法治绣带"。

一、数字赋能，描绘溯法寻源"新画卷"

积极推动法治文化建设与城市更新有机融合，开发滨江东岸法治漫步打卡线路，打造独具浦东特色的可漫步、可阅读、可体验的功能性法治文化阵地。线上开发"遇见法治　滨江GO！"打卡小程序，将滨江东岸22座望江驿手绘成寻法地图，每座望江驿设置一道法治题目，22道题目呈现了浦东开发开

22座望江驿手绘图

放进程中的法治事件，生动展示"浦东开发 法制先行"理念。线下精心布展22座望江驿，采用物件、文字、视频、照片等形式隐藏答题线索，打卡者每到达一个望江驿，通过细心观察、寻找线索，在线上完成答题挑战，获得虚拟现实、交互娱乐、智慧学法的新体验。

二、功能蜕变，构筑法治对话"新天地"

"与法有约"慕课首堂《浦东新区法规诞生记》开讲

深入推进高水平制度型开放，依托望江驿定期策划并组织丰富多样的法治沙龙、法律讲座等活动，邀请专家与市民面对面访谈，畅谈法治话题，普及法律知识，并通过网络直播的方式构筑起一个充满活力与深度的法治文化全民交流平台。"与法有约"慕课首堂《浦东新区法规诞生记》于4号望江驿东方财经·浦东频道直播室推出，点击量破7万人次。浦东新区法规系列慕课重点聚焦与支持浦东大胆试、大胆闯、自主改相适应的保障体系主题，将"高大上立法"与"接地气普法"相结合，解读法规要点和贯彻实施中的法治故事，是多元宣传浦东立法成果和法治建设进程的重要载体和前沿阵地。

三、点面联动，开辟全民普法"新通途"

滨江东岸以望江驿为轴心，不断将法治文化融入市民休闲日常，让法治元素随处可见，绿地户外电子屏不定期播放法治公益宣传片，驿站图书架摆放党章党规、法律工具书、法治著书等。12号望江驿变身浦东投资者教育基地，一处处"盆景"汇聚成"风景"，让市民群众感受法治锦绣的世界级滨水空间。同时，将1号望江驿选定为"法治巴士看浦东"的北线终点，实现阵地与活动的资源整合和效果叠加，望江驿的法治传播力得到进一步拓展，也推动了法治文化建设成果深化转化惠及全社会，人人参与法治建设、共享法治成果的生动局面逐步形成。

　　根植于全民心中的法治精神，是社会主义核心价值观建设的重要基础。浦东新区司法局把社会主义核心价值观融入法治建设，营造生活化、场景化、人文化的法治育人环境，有力推动人民群众对社会主义核心价值观的深刻理解、广泛认同和自觉践行。

"法治巴士看浦东"

深入开展"听书记讲核心价值观"
社会主义核心价值观主题宣传教育特色活动

中共黄浦区委宣传部

为进一步学习贯彻习近平总书记关于培育和践行社会主义核心价值观的一系列重要论述和指示精神，黄浦区委宣传部紧紧围绕"面向全社会，抓好重点人群"原则，聚焦领导干部和青少年两大群体，推出"听书记讲核心价值观"主题活动，打造具有黄浦特色的社会主义核心价值观宣传教育品牌。活动在全区上下营造浓厚的学习、实践氛围，形成一批核心价值观宣传教育的经验、成果。

一、统一部署，逐级示范

杲云书记宣讲社会主义核心价值观

区委宣传部编制印发《中共黄浦区委宣传部关于印发〈关于组织开展培育和践行社会主义核心价值观主题宣传教育活动的方案〉》，明确了"听书记讲核心价值观"主题活动的任务、要求。区委书记杲云在新学期开学首日，面向全区领导干部和中小学生讲授践行社会主义核心价值观，作为本次活动的首讲和示范。此后，全区各部门、街道、区属企业均自上而下逐级推进"听书记讲核心价值观"活动，各级党组织负责人以党课、讲座、导读等形式带头宣讲核心价值观；全区近百所中小学、幼儿园均由党组织书记以升旗仪式、校会课、电视广播讲话等形式带头上好核心价值观思政课。截至2024年5月末，包括区委领导在内，全区已有78个部门、街道或单位，共685位各级党组织书记及40余位支部委员、宣讲团成员开展宣讲，受众累计超5万人次。

二、知行合一，内容走心

区委宣传部编写《社会主义核心价值观学习参考读本》，作为宣讲"教参"；统一培训各支基层理论宣讲队伍成为各级党组织书记的"助教"；明确宣讲内容日常化、具体化、形象化、生活化的要求，组织各单位开展好宣讲内容"备课"。从实际情况看，有的宣讲立足"大视角"，

"培育和践行社会主义核心价值观"专题宣讲培训会

将核心价值观与弘扬中华优秀传统文化及美德、党史学习教育、四史宣传教育、成就宣传等紧密结合；有的宣讲聚焦"小窗口"，将践行核心价值观要求与涵育职业道德、社会公德、家庭美德，推动移风易俗，倡导文明风尚，优化规范守则，深化法治教育等有机融合。

三、形式丰富，"金课"频出

"听书记讲核心价值观"精品示范课线上展播

各单位在宣讲过程中，充分考虑不同受众的认知特点和习惯，紧密结合主责主业和特色工作，打造一大批接地气、聚人气的核心价值观"金课"。如区文化馆党支部将活动与原创红色音乐剧《福兴布庄》建组活动相结合，形成寻访、仪式、剧本围读为一体的特色宣讲活动。同时，区委宣传部初步遴选来自区内医院、学校、市场监管所、城管执法中队、婚姻登记中心、居委、文化场馆等基层党支部的 10 节优质课，并以"听书记讲核心价值观"精品课大直播活动的形式向全市进行示范推送。

黄浦区将继续深化"听书记讲核心价值观"活动的阶段性成果，持续创新形式，拓展渠道，不断提升活动的覆盖面和影响力，推动社会主义核心价值观落实、落小、落细。

赓续红色基因　深耕法治土壤
让静安"红色＋法治"招牌更加亮眼

静安区司法局

静安区司法局坚持立足红色静安区域优势，积极探索以红色法治文化润泽一线治理新模式，将培育和践行社会主义核心价值观融入静安红色法治建设，让静安"红色＋法治"招牌更加亮眼。

一、立足红色热土，筑牢法治建设总根基

一是着力健全法治人才队伍建设。举办静安区领导干部深入学习践行习近平法治思想专题培训班，组织全体学员观看文艺党课《辅德里》，深化红色教育熏陶。培育强化社区法治带头人、法律明白人队伍，定期组织法治专题培训班。开展首届上海法治文化节静安专场——"绎法院线"红色教育电影观影活动，表彰静安区首届十佳"法治带头人"，持续加强基层红色法治队伍力量建设。二是大力夯实法治文化阵地建设。充分利用静安这片红色热土上的丰富红色资源，打造家门口的普法阵地，中共二大会址纪念馆获评第四批上海市社会主义法治文化品牌阵地。依托恒丰路法治文化广场、静安红色步道等阵地，因地制宜举办"传承红色法治文化，共制法治时代蓝图"法治文化路线徒步活动，打卡宣传辖区内红色法治地标。聚焦"首部党章诞生地"，加强党内法规宣传，在中共二大会址纪念馆举办"诵读党章、讲述初心"普法活动，深入推动红色法治文化传承走深走实。

二、赓续红色基因，打响法治品牌软实力

一是强化红色宣传，丰富法治体验。以喜迎党的二十大、纪念首部党章通过 100 周年为契机，在中共二大会址纪念馆开展首届上海法治文化节静安专场暨"百年辅德里，循法而行再出发"党内法规宣传教育活动，从法治视角全新诠释"张人亚守护党章"红色故事，催生党内法规宣传新形态，吸引法治天地

频道、文汇 App、东方新闻客户端、今日头条及法治上海、上海静安等主流媒体密集报道，线上影响面超 500 万人次。二是挖掘红色故事，繁荣法治作品。充分挖掘展现红色文化中的法治基因，策划创作法治文化优秀原创金曲《爱的绵延》，集中

"百年辅德里，循法而行再出发"党内法规宣传教育活动

推送一批静安法治文化精品，推动中共二大会址纪念馆宣传片《辅德里1922》、微话剧《守护》、红色法治主题演讲等多平台展示、多渠道传输、多终端推送，其中选送的非虚构戏剧同名主题曲《辅德里》、静安区公安分局的反诈脱口秀入选首届上海法治文化节开幕式节目。

三、弘扬红色文化，探索普法治理新模式

一是线上线下多元化融合宣传。坚持依托线上线下法治文化阵地，借助声光电媒介，持续让红色法治文化融入群众日常生活。打造更新 7 号线法治专列、昌平路地铁站 5 号口，利用海报、电子屏幕重点宣传宪法、爱国主义教育法等相关法律；设立沪北电影院"绎法院线"阵地，专题放映经典红色影视作品；运营"静安区司法局""绎法静安"微信公众号，建设法治文化网络空间，讲好静安红色法治故事。二是普法治理一体化聚力推进。坚持以红色法治文化润泽一线治理，以关键普法助推关键治理，走好红色法治文化群众传播路线，将人民群众对红色文化的荣誉感转化为守法用法自觉，主动成为红色法治的参与者、推广者、践行者，努力构建具有静安特色的法治文化建设和传播体系，不断提升普法能级和依法治理水平，在全社会形成良好的普法依法治理新生态。

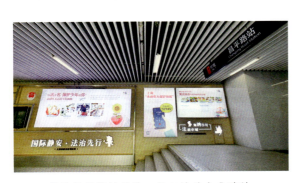

7 号线昌平路地铁站 5 号口法治文化阵地

"新约定"改变"老规矩" 乐山二三村
居民公约"移"出文明范"易"出新风尚

徐汇区徐家汇街道党工委

2020年起，结合乐山片区一体化治理工作的推进，徐家汇街道在乐山二三村居民区开展居民自行制定公约的试点工作。从居民公约的征集到最终落地，居民从利益诉求的"被动者"变为"主动者"，从社区治理的"观众"变为"主人"，大大激发了居民关心社区治理、参与社区治理的主人翁意识，越来越多居民开始参与文明实践、弘扬时代新风。

一、"调研 + 征询"，没有调查就没有发言权

一是完善"硬条件"。居民公约征集的想法最初来源于乐山二三村居民区党总支书记余美香，她发现自街道在乐山片区全面开展综合治理工作后，居民们切实感受到"社区变美了，更加宽敞干净了"。但社区环境好了，居民的行为素养还没有跟上去，乱晾晒、乱种植、不文明祭扫等行为还是随处可见。二是增强"软实力"。她将想法向街道反馈，这与街道提升乐山"软治理"的治理策略不谋而合，于是街道很快引入了专业第三方社会组织，进驻社区配合居委一起做好实地走访调研。在调研中引导居民反映小区里不文明的人和事。规避居民口中的一些高频不文明行为就形成了公约的雏形。三是运用"新工具"。雏形有了之后，街道在乐山二三村开展多渠道征询，对公约进行确认或补充。除线下常

居民区与第三方社会组织共同
开展居民公约意见征求活动

规的意见箱征询外，首次尝试使用了线上的反馈平台，很快就有了围绕"乐"字展开的"8乐"公约。

二、"讨论 + 宣传"，没有热度就没有传播力

居民公约，围绕"乐山"的"乐"字做文章，一方面是因为居民们居住在乐山，另一方面，大家希望自己能够实现从"向往乐"到"真正乐"。一是讨论有广度。通过讨论初步形成的"8乐"公约，在主题党日活动上又进一步激活了党员同志们的智

"新风汇—社会文明风尚大讲堂"宣传居民公约

慧和热情，历经数次讨论会，"8乐"又升级为"10乐"。二是送"乐"有温度。为了让公约被越来越多的居民认可，居委以新春送福的形式带着"10乐"公约意见征求稿挨家挨户上门听取意见，取得认同，扩大宣传，最终形成"12乐"。大家你一言、我一语地咬文嚼字，非但不伤和气，反倒更显和谐。"乐在时尚，垃圾分类""乐在新风，文明祭扫"……一条条公约，都汇聚着大家对美好宜居社区共同的期盼。三是宣传有热度。在绿地插排、宣传海报等多种渠道的大力宣传下，社区每个居民都注意并参与到公约的制定与遵守之中，公约也更有效地感染到每一个社区居民。

三、"激励 + 循环"，没有收获就没有持续度

为促进居民更加自发地遵守公约，让公约真正地入脑入心，街道与居委集思广益，将居民公约做成随手礼"锅垫"送给居民。与社区志愿者和居民区的小朋友一起携带印有"12乐"居民公约的纪念品上门宣传动员，激励大家守好共同制定的公约，促使聚集众人智慧的乐山二三村居民公约在社区落地开花。自从有了居民公约，楼道里废旧纸箱定期清理干净了，祭奠先祖小区焚烧

四处圈地的现象减少了，垃圾分类也不怕麻烦了，社区110报警率也显著下降了，小区已经接连几次拿到无刑事案件奖励。越来越好的社区环境，也让居民有了获得感、满足感，促使他们自发性、持续性地维护公约，最终形成正向自循环。居民公约既是居民自治智慧的结晶，也是社区弘扬时代新风、推动移风易俗的一次"新尝试"，"约"出文明新风尚，"约"出社会好风气。

全方位践行全过程人民民主
激发基层治理活力

长宁区虹桥街道党工委

2015 年 7 月，全国人大常委会法工委基层立法联系点在长宁区虹桥街道设立，这是全国首批 4 个试点中唯一设在街道层面的基层立法联系点。2019 年 11 月 2 日，习近平总书记考察虹桥街道基层立法联系点时，首次提出"人民民主是一种全过程的民主"的重要论述。近年来，虹桥街道依托宁聚里·党群服务站、基层立法联系点（联络站）、人大代表"家站点"、政协委员工作站、人民建议征集点、小区（楼宇）议事厅等实践载体，围绕重要立法、重要规划、重要民心工程和重要家园事务等内容，众人事情众人商量，将全过程人民民主重大理念的实践作为培育和践行社会主义核心价值观的重要抓手，延伸到人民群众关切的各个领域，以基层的生动实践不断丰富全过程人民民主的时代内涵。

一、在学习研究中加强思想传播

依托上海人大全过程人民民主研习实践基地、长宁区虹桥街道全过程人民民主基层实践基地和社区党群服务阵地、新时代文明实践阵地体系网络，全覆盖设置"初心阅读角"，全力打造"初心讲堂""虹动力"课堂等特色学习品牌。建设一支由全国优秀共产党员朱国萍等辖区百名全国、市级荣誉

2024 年 4 月 10 日，虹桥街道"HONG 心向党"基层宣讲团成员夏云龙在长虹小区开展基层宣讲，学习习近平总书记在全国"两会"上的重要讲话精神

获得者领衔的"HONG 心向党"基层宣讲团，通过"三进三讲"，引导基层党员群众深入学习领会习近平总书记重要讲话精神的丰富内涵、精髓要义和实践要求。

二、在基层实践中深化民主法治

2024 年 5 月 14 日，虹桥街道基层立法联系点开展《中华人民共和国能源法（草案）》立法意见征询会

加强基层立法联系点建设。在实现立法意见、建议数量、质量双提升的基础上，不断拓展基层参与范围，在各层面增强爱国守法意识，让不同群体感受到法治和民主的温度。截至 2024 年 6 月，虹桥街道基层立法联系点共听取 95 部法律草案意见，上报建议 3181 条，其中 272 条被采纳，征询意见超 4.5 万人次。加强人民建议征集点建设，探索形成"四问四转化"工作法，推进老旧小区电梯加装、"两餐"便民地图、社区停车资源共享等民心实事落地，增强群众凝聚力。加强常态机制建设。通过融汇民情、融合民智、融解难题、融通中外、融炼机制这"五融法"，把全过程人民民主融入城市治理现代化的过程，将群众创造的经验上升为基层民主协商治理制度化实践，打造亲情邻里社区、融情国际社区、暖情商务社区的实践样本，构建人人参与、人人负责、人人奉献、人人共享的城市治理共同体。

2024 年 7 月 9 日，全国人大常委会法工委虹桥街道基层立法联系点就《文物保护法（修订草案二次审议稿）》开展立法意见征询会

三、在宣传展示中讲好鲜活故事

发布宣传作品，出版《虹桥故事》中英文版，编辑制作《虹桥案例》《虹桥声音》，推出基层立法联系点 IP 形象及表情包，帮助中外居民生动直观理解全过程人民民主的价值和意义。丰富展示平台，推出"全过程人民民主与人民的美好生活"主题行动季，评选十佳全过程人民民主实践案例、社区治理达人、立法联系点小故事、人民建议金点子，多角度展现社会主义民主政治优越性。讲好中国故事，充分发挥好"首提地"效应，截至 2024 年 6 月，先后接待国内外各类考察团 1584 批 32122 人次，其中境外人士 101 批 2453 人次，讲好人民当家作主的长宁故事、上海故事、中国故事。

首创儿童权益代表人机制
保障涉诉儿童利益最大化

普陀区人民法院

家事案件中部分当事人关注婚姻关系的解除和共同财产的分割，忽略甚至侵害未成年子女权益，利用争夺抚养权、探望权等作为分割财产的筹码，而未成年子女由于并非案件的诉讼主体，无法在诉讼中直接主张权益。为了解决这一困境，制约父母的不当行为，全面保障未成年人利益，2017年，上海市普陀区人民法院（下称普陀法院）在全国首次探索设立儿童权益代表人机制，此后不断深化工作机制，推动司法保障儿童利益最大化。

一、首创制度，实现儿童权益最大化"新作为"

儿童权益代表人机制由普陀法院首创，突破了以往民事诉讼中未成年人无法直接表达诉求的困境。普陀法院与区妇儿工委办、团区委、公证处等建立长期合作机制，聘任妇儿工委办干部、青少年社工长期担任儿童权益代表人，明确儿童权益代表人选任标准、履职要求、主要职责、注意事项等。常态化引入

儿童权益代表人代表儿童参与诉讼

儿童财产及专项基金公证保管机制，由儿童权益代表人监督使用，切实维护涉案儿童财产权益。统筹布局、精准发力，相关案例受到《人民法院报》《上海法治报》等专题报道，入选《民主与法制周刊》"2017年中国十大未成年人权益保护新闻"和"2017年影响上海儿童发展的十大新闻事件"。

二、多维度构建，完善儿童权益保护"全链条"

坚持纵向部署，明确代表人全方面、多环节履职机制：定点前端，由儿童权益代表人对儿童家庭、学校的生活学习状况、相关亲属意见等事宜进行庭前社会调查，出具社会调查报告；扭住中端，代表儿童参与庭审，以儿童利益为出发点发表庭审意见、表达儿童诉求，合理把握纠纷化解的"窗口期"，了解矛盾根源、平衡各方利益，促进涉少纠纷有效化解；注重后端，定期回访，跟进儿童权益监督、监护，落实儿童权益保护具体举措，对儿童权益形成闭环保护。坚持横向延伸，在实现未成年人诉讼利益的同时，融汇已设立的探望监督人制度、家庭教育指导、未成年人审判心理干预等相关机制，形成儿童权益代表人在家事案件"诉前、诉中、诉后"链条中全程参与的多维矩阵。

儿童权益代表人对涉案儿童进行心理疏导

三、内外协同发力，拓宽儿童权益保护的"覆盖面"

加强法治供给，根据现实情况及审判需求，不断扩大机制适用范围，适用案件类型从离婚拓宽到变更抚养纠纷、撤销监护权、继承纠纷等6种不同类型

与区公安分局、区教育局、区妇联签订合作协议

案件，拓宽更多未成年人有效发声途径。融入外部力量，构建"法院+"未成年人保护结构，协同政法委、公安、妇联、教育局、团委等第三方力量，形成合力推动未成年人权益保护依法、高效落地。截至2024年6月，已实现在21件案件中保障25名儿童权益最大化。普陀法院少年庭先后获评全国少年法庭先进集体、全国维护妇女儿童权益先进集体等荣誉称号，相关案例获上海市妇女儿童保护十大优秀案例、全国妇联妇女儿童保护十大优秀案例等荣誉，收获广泛好评。

2023年，普陀法院入选"2023—2024年度全国维护青少年权益岗创建单位"名单，我们将持续巩固并完善儿童权益代表人制度，让更多的父母、家庭和社会了解并重视对未成年子女权益的保护。

践行社会主义核心价值观
推动"三所联动"本源解纷工作法

虹口区司法局

"三所联动"是虹口区贯彻落实"枫桥经验"的成功实践，通过公安派出所、街道司法所、律师事务所"三所联动"提升了法治服务虹口经济社会发展、服务人民群众的及时性，从整体上将法治作为治理规则体系融入基层治理和社会生活中。

一、坚持践行社会主义核心价值观，推动新时代"枫桥经验"生根落地

虹口区司法局把社会主义核心价值观融入法治建设，深入践行新时代"枫桥经验"，以法治体现道德观念、强化法律对道德建设的促进作用。经过两年多的发展，街道和居委层面人民调解案件量明显增长，占全区人民调解案件 72% 以上，高出全市平均水平 14%。

北外滩街道司法所"三所联动"，化解社区治理难题

2023 年，累计化解各类矛盾纠纷 1.3 万余起，基层就地化解占比超过 98%，纠纷警情环比降幅 19.4%，信访量环比下降 13.4%，有效防止"民转刑""刑转命"案件。2023 年 9 月 18 日，全市司法行政系统推广深化"三所联动"工作机制现场会在虹口召开，"三所联动"正在全市加快推广、发挥实效。《人民日报》对"三所联动"工作机制作了重点报道，"三所联动"工作方法已在全市推广，得到司法部的认可。

《人民日报》报道"三所联动"

二、坚持以和为贵，把问题解决在基层、化解在萌芽状态

习近平总书记指出，要坚持和发展新时代"枫桥经验"，完善基层治理体系，筑牢社会和谐稳定基础。中国传统社会将治理需求道德化，促使个体以自律形式形成社会共识，实现社会认同、成为自觉维护法律道德的参与者和监督者。"三所联动"工作机制在化解家庭和社区内部矛盾时，进一步提升文化"柔性"引领力，注意发挥传统文化等本土资源的引领作用，形成崇德向善的良好文化氛围。虹口区司法局着力推动"1+3+N"调解，整合"多元化"解纷力量。加强司法行政系统内外资源整合，持续完善"诉调对接""检调对接"，推动司法资源关口前移。在联动上下级公安、司法行政、综治办、法院等诉源治理主体之外，强调"N"的作用，在纵向层级联动和横向部门联系上着重解决"各自为政""单兵作战"的问题，助力人民调解、行政调解、司法调解等资源全线贯通、形成合力。

三、坚持以法为据，提升矛盾纠纷预防化解法治化水平

"三所联动"机制以法治需求侧为切入点，始终坚持人民群众的主体地位。一方面，引入第三方法律工作者，出台第一批"三所联动"律师智库，签约11家律所、113名律师参与"三所联动"，确保每个平台解纷接待时间每周不少于两个半天。另一方面，建立一支高水平的调解队伍，加强对人民调解员的各项培训工作，从而为

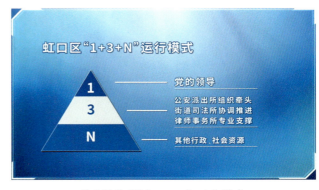

"三所联动""1+3+N"工作模式

居民提供专业、客观、公正的法律意见，提高矛盾纠纷化解的公信力、权威性。除全区 9 个公安派出所调解工作室、198 个居委会人民调解室外，将法律服务的触角延伸至 10 个商圈、3 家医院、4 处工地、31 所学校。参与"三所联动"的人员从日常生活讲起，以身边案例为鉴，说老百姓关心的事，把"大道理"分解成"小菜单"，将"文件话"转化成"家常话"，将专业的法律条款以接地气的方式讲述，使得"遇事找法"的意识逐渐深入人心。

虹口区"三所联动"律师专家智库

建设"非诉社区" 形成矛盾纠纷非诉讼解决的社会治理"吕巷模式"

中共金山区吕巷镇委员会

近年来，乡村矛盾纠纷呈现出利益主体多元化、形成因素复杂化、表现形式多样化等特点，仅邻里纠纷就占半数以上。沪郊乡镇吕巷镇以社会主义核心价值观为引领，推进"非诉社区"建设，成立全市首家镇级非诉讼服务中心，将文化培育做在前、矛盾纠纷预在前、非诉机制挺在前，形成矛盾纠纷非诉讼解决的社会治理"吕巷模式"。截至 2024 年 6 月，调解组织成功调解矛盾纠纷 750 件，调解成功率达 99.55%。

一、法治化思维推进"非诉社区"建设显效

"三合"机制做在前。吕巷从江南农耕文化中汲取和丰富矛盾纠纷调处的和合理念，打造农村非诉和合文化，在潜移默化中培育和践行社会主义核心价值观，推动多元解纷的功能整合、资源聚合和力量统合。法宣普及挺在前。提出"非诉挺前，和合吕巷"建设主题，确立"党建引领、源头减争、非诉挺前、和合共商"工作主线，营造有事好商量、有事大家议、有事我帮你的治理良好氛围。法治阵地建在前。推进"法治风景带"建设，打造法治文化阵地，在化解纠纷的同时更好地引导村民形成法治思维，让法治成为基层治理的新亮点。

法治风景带

二、制度化体系夯实"非诉社区"建设保障

搭好非诉主架构。将"非诉社区"建设作为"一把手"工程来推进，成立

由镇党委书记、镇长任双组长的领导小组，制定实施办法，组建专班、工作组，系统谋划、整体推进创建。选好非诉调解员。健全镇、村居人民调解委员会，通过培养、引入、志愿相结合，组建一支由专兼职调解员、法官、律师组成的非诉调解员队伍，培育一批"法律明白人""法治带头人"队伍。开设凌云非诉调解工作室，以

非诉调解员队伍调解邻里矛盾

"师傅带徒弟"的方式培养一批优质的非诉调解员。提炼非诉工作法。提出和解、调解、化解非诉"三解"工作法，即和事佬"三劝"（即第一时间劝开、分别单独劝说、时机成熟劝和）和解在前、老娘舅"出诊"调解在前、"公道伯"联动化解在前，努力做到矛盾不上交、平安不出事、服务不缺位。

三、多元化联动凝聚"非诉社区"建设合力

多方力量参与。与法院合作开设巡回审判工作站、村居诉源治理工作室，法官定期开展法律宣传、以案释法；与司法局合作实施法律顾问村居全覆盖，做到"村村有顾问、事事依法行"；与公证、劳动仲裁等职能部门合作，建立访调、公调、诉调、专调、疏调、律调、省际联调、非诉与无讼8个无缝对接工作机制。服务平台搭建。通过建立覆盖全镇的"1中心12站81点"非诉讼服务平台，整合多元力量，形成人员联合、力量联动、资源共享的工作格局，构筑以"源头预防为先、非诉机制挺前、纠纷多元化解"为核心的诉源治理新实践。毗邻地区联动。以"毗邻党建"为引领，与浙江平湖新埭、新仓合作，签订共建协议，共同解决边界争议、跨省婚姻等矛盾。通过加入毗邻"三所一庭"机制，推动调解干部能力提升，实现两地百姓和谐共处，共筑平安法治新局面。

"奉法客堂间"绘就基层社会治理新画卷

奉贤区人民法院

奉贤区青村镇吴房村"奉法客堂间"

党的二十大报告强调，推进多层次多领域依法治理，提升社会治理法治化水平。近年来，奉贤区人民法院（下称奉贤法院）深入践行习近平法治思想，传承人民司法红色基因，深入推进社会主义核心价值观融入司法审判，立足区域"生活驿站"，通过"四个积极"全力打造"奉法客堂间"诉源治理品牌，为奋力走好"奉贤美、奉贤强"高质量发展新征程提供坚实的司法服务和保障。

一、积极践行新时代"枫桥经验"，构建三级调解网络联动机制

积极践行新时代"枫桥经验"，已建立覆盖全区 12 个街镇的"奉法客堂间"区级（诉调对接中心）—街镇（派出法庭）—村居（"奉法客堂间"）三级调解网络联动机制，依托前端"无讼村"创建治"未病"，依托中端"奉法致和"讲师团菜单式普法治"微病"，依托末端"万人成讼率综合监管服务平台"数字化赋能治"已病"，全面探索覆盖立案、审判、执行全流程的矛盾纠纷源头治理新模式。"奉法客堂间"诉源治理品牌获评 2023 年度上海法院十大创新项目，奉贤法院获评"上海市诉源治理先进单位"。

法官前往村民家中开展诉前调解工作

二、积极融入地方"治理圈"，开发上海法院首个"万人成讼率综合监管服务平台"

充分发挥大数据在基层社会治理中的"晴雨表"功能，将"万人成讼率"纳入平安建设考核，自动生成全区运行态势、街镇诉讼风险提示和行业风险预警提示 3 份报告，直观展示审判活动同地区治理内在联系，为区域社会治理提供决策参考。2023 年，奉贤法院收案量下降 4.01%，"无讼村（居）"创建覆盖到全区 12 个街镇。

三、积极融入辖区多元解纷"建设圈"，打造系列暖心法庭项目

以"奉法客堂间""无讼村"示范点为平台，助力打造新城市、新农村。创建"东方美谷知识产权巡回审判站""劳动争议巡回调解工作站＋数字化调解室"等一批接地气暖民心的法庭解纷项目，服务保障新经济、新片区。截至目前，共开展巡回审判 869 次、法治宣传 1061 次，纠纷化解 3612 次，服务 52000 余人次。

法官前往村居开展巡回审判

四、积极融入政法调解"生态圈"，建立"三所一庭"工作机制

发挥人民法庭地处基层优势，联合司法所、派出所和律所，搭建"三所一庭"多元解纷平台，在奉贤法院"奉法致和"志愿者团队基础上，将村居调解员、法律顾问、法治带头人、法律明白人纳入队伍，激活多方解纷资源，不断增强人民群众获得感、安全感和满意度。《人民法院报》等报刊媒体对"奉法客堂间"进行专题报道，品牌影响力持续提升。

《村规民约》记在心　文明新风我践行

——建设镇蟠南村加强精神文明建设

中共崇明区委宣传部

崇明区建设镇蟠南村由蟠中村、引河村、老蟠南村组成，三村合并后，人员多，事情杂，工作比较难开展，乱埋乱葬、村民乱扔垃圾，不文明的行为比较多，治理工作难度大。村干部迅速采取行动，虽有效治理了乱埋乱葬等现象，但如何长效管理、防止问题反弹，考验着村干部的治理能力。原先的《村规民约》已制定多年，内容缺乏针对性、群众缺乏认同度、实施缺乏执行力，已不适应新形势下的基层治理要求。为加强精神文明建设，树立文明新风，蟠南村党总支直面现状和问题，探索群众自治工作，引导村委修订《村规民约》，积极回应群众呼声、提高治理水平、增强服务能力。

一、从实际出发，修订《村规民约》

蟠南村干部们通过大走访，广泛听取党员群众的建议，村党总支指导村委采取"三上三下"方式来实施修订工作。通过大走访听取意见建议，形成书面

蟠南村《村规民约》宣传栏

材料后，一上村"两委"班子会议、二上村党员大会、三上村民代表会议，征求意见，形成初稿。将《村规民约》初稿发至每户农户征求修改意见；汇总修改后，召开村民会议，再次下发至每户，采取户代表表决的方式，最后经三分之二以上户代表签字同意后定稿；新版本确定后，正式下发至各农户开始实施，同时报镇党委备案。就这样，涵盖治理农村乱象、弘扬文明新风、遵守法律法规的新版《村规民约》出台，违章搭建、乱埋乱葬、乱丢垃圾被禁止了，环境卫生、尊老爱幼、邻里守望被倡导了，畜禽防疫、食品安全被强调了。

二、从群众着手，宣传《村规民约》

为了方便反复宣传，让《村规民约》内容入脑入心，蟠南村党总支把16条900多字的《村规民约》归纳为130字的"十要十不要"和140字的"七字诀"，顺口、易记、易懂。村党总支还制成了小卡片，发到每家每户，成为村民日常行为

蟠南村村干部入户宣传

规范的"指南针"。村群众文艺团队还编成了快板，教村民群众传唱，让《村规民约》为村民广泛接受，变成自觉行为。例如农村禽畜防疫工作，以往农户的参与积极性普遍不高，禽畜防疫比例远落后于其他村，将该项工作纳入新版《村规民约》后，全村的禽畜防疫比例在全镇名列前茅。再如农户办理婚丧喜事大操大办现象显著减少，文明落葬现象蔚然成风，彻底取缔了立碑现象。此外，对违法建房、违章保塬、焚烧秸秆等行为的监督和制止，也从以往的靠村干部一遍遍地巡查、苦口婆心地劝说，转化为村民的自觉行动，自我约束意识明显增强。

三、用实招管理，落实《村规民约》

为确保新版《村规民约》落实到位，蟠南村采用村民自愿报名、村"两委"初选、村民代表大会表决等程序，在村民中选聘了3名监督员组成巡查队，负责日常监督。巡查队每天下队入户，发现违反《村规民约》行为的，及

蟠南村食品安全督导

时劝阻；劝阻无效的，向村委报告，由村干部做工作；经教育劝阻依然无效的，记录在案，每月汇总情况，与年终各项村级待遇挂钩。日常的监督，让《村规民约》入心入行。对于违规的村民，严格按照《村规民约》中的奖惩措施执行，违规必究，小惩大诫。自蟠南村落实推行新版《村规民约》以来，移风易俗工作取得良好效果。镇党委在积累一定经验的基础上，适时进行全镇推广，用《村规民约》这只"无形的手"推动农村自我管理、自我教育、自我服务水平的提升。在近几年的满意度调查中，群众对村干部工作的满意度明显提高，村民矛盾明显减少；在各项重点工作的推进过程中，村民群众积极主动配合的自觉性也显著提升。《村规民约》的完善，在加强村级自治、提升村民文明素养等方面发挥了有力的作用。

办好公益广告征集活动
推进社会主义核心价值观建设

上海东方宣传教育服务中心（上海市公益广告协调中心）

近年来，上海把公益广告作为宣传贯彻党的二十大精神、培育践行社会主义核心价值观的重要抓手和有效载体，通过举办各类公益广告征集活动，将创新公益广告表达方式与推进社会主义核心价值观建设、弘扬城市精神品格等有机结合，推动学习宣传习近平新时代中国特色社会主义思想走深走实。2023年9月，在市委宣传部指导下，市精神文明办、市市场监管局、市绿化市容局等联合主办，东方宣教（公益广告）中心等承办"我们的上海"2023年上海市公益广告作品征集活动。活动期间，经社会动员、网络征集、专家评审、优秀作品公示等环节，最终从4277件投稿作品中评出97件获奖优秀作品，通过各类平台进行刊播展示，有效提升了上海市公益广告的传播力和影响力。

一、广泛宣传、动员引导社会各界积极参与

线下线上联动。邀请上海市一些知名文化企业、头部网络平台及行业协会专家等召开专题研讨会，通过各类主流媒体及全国多个设计类专业媒体发布征集公告，持续放大宣传效应和社会参与面。突出重点人群。依托上海市大学生公益广告育人联盟，吸引了来自复旦、交大、同济等上海市13所高校及全国近300所高校师生踊跃投稿。主动向全国近百位一线设计师发出邀请，参与作品创作。加强统筹谋划。协调各区发动所辖基层单位、设计公司、社区居民等群体广泛参与，鼓励各区自行组织相关评比活动，遴选及创作优秀作品进行报送。

征集活动宣传海报

二、凝心聚力、以创意践行和培育社会主义核心价值观

聚焦时代主题。坚持以社会主义核心价值观为内容引领，聚焦"我们的上海"主线，围绕"奋进的上海""文明的上海""文化的上海""美丽的上海"4个分主题，把涉及国家、社会、公民的价值要求融入日常生活的方方面面来进行创作，激发文化创新活力，用好的作品凝心、聚气、铸魂。探索创新路径。力求在内容设计、形象塑造、传播推广等各方面打造丰富生动立体的上海形象，满足广大市民的愿景和期待，助力推动城市软实力和国际影响力不断增强。其中，首次开设的"文明上海"徽标征集，为探索改进创新精神文明建设工作提供了有效途径。

三、精心组织、有序推进落实评选及展播工作

精细化评审。评审工作分为三个阶段逐步展开。初评及复评，由行业专家、高校学者等评委组成。终评评委由主承办单位领导、专家学者和媒体代表等组成。通过现场审阅作品，综合主题表达、创作形式、艺术感染力等方面进行评分和审议，最终决出徽标设计、公益海报、创意文案、短视频4类获奖作

公益海报《文化的上海》
（作者：青浦区文明办）

公益海报《伸出你的手》
（作者：查佩仙）

品 97 件，优秀组织奖 12 个，并颁发证书及奖励。分众化传播。获奖作品已在文明上海网等官网官微发布，并纳入上海市公益广告作品库，供社会免费下载使用。同时，遴选优秀作品代表本市向中央部委举办的系列赛事进行报送。接下来，将继续利用户外大屏、移动电视等公益广告阵地开展多形式、分众化展示展播，持续发挥公益广告普及主流价值、传播文明理念、引领时代新风的重要作用。

缘法而行：华东政法大学全力
打造红色法治文化传承最佳实践地

华东政法大学

华东政法大学坚持"一流城市孕育一流大学，一流大学成就一流城市"，把校园开放融入城市发展进程，把传承弘扬红色法治文化作为使命担当，全力打造高校发展与城市建设双向奔赴的最典型实践地、红色法治文化传承弘扬的最佳实践地。

一、坚持把校园开放融入城市发展

学校长宁校区是上海城市史上最早的大学校园，拥有与苏河美景相得益彰的 27 栋近代建筑群，镌刻着百年近代高等教育和七十多年新中国法学教育的历史印记，汇聚了红色文化、海派文化、江南文化相互交融的"最上海"城市文脉。

学校把"人民城市"重要理念内化为对接上海"一江一河"公共空间贯通工程的生动实践，坚持把校园开放融入城市发展，全面开放长宁校区，把"全国首家面向全社会开放的高等学府"打造成近悦远来的城市文化新地标，进一

苏州河步道华政段（思孟堂）

步推动了华政校园所承载的历史人文、现代大学、滨水生态、法治文明等优秀基因的传承和弘扬，构筑了师生和市民共享"百年校园、苏河明珠"的生动图景，诠释了"城市精细化治理与高校全面开放双向奔赴"的实践可能。

二、坚持传承和弘扬红色法治文化

学校把加强红色法治文化资源挖掘、讲好中国特色法治故事视为中国特色世界一流政法大学建设过程中的重要使命。中国共产党成立 100 周年之际，学校立足校史中的党史故事、党史中的法治故事，回溯老院长雷经天审断"黄克功案"的历史，创作融红色历史和法治

话剧《立场》国家大剧院演出剧照

思想于一体的大型原创话剧《立场》(原名《雷经天》)，生动诠释以"人民为中心"的革命法治传统。

话剧《立场》在上海美琪大剧院、北京国家大剧院公演后，作为全国宪法宣传周活动项目，由华政学生出演的青春版话剧《立场》赴清华大学、北京大学等巡演 3 场。该剧先后入选上海首届法治文化节重点推荐剧目、上海市"永远跟党走"主题宣传教育活动项目，成为立足上海宣传好习近平法治思想、讲好中国法治故事、弘扬红色法治文化的力作。

三、坚持用大学文化引领城市文明

"苏河明珠"沉浸式实景思政课堂

学校以"传承和引领城市文明"为己任，努力做好先进文化的引领者、科学知识的传播者、法治信仰的塑造者，让法治成为城市文明的鲜明底色。学校职工义务法律援助中心坚持全年 365 天不间断开展线上邮件咨询，大学生社会法律援助中心 26 年累计普法

大中小学法治文化教育一体化活动

4000 余次，接待群众咨询案件 3 万余起，无偿服务 10 万余民众。"小城杯"公益之星创意诉讼大赛十年来以小案件促进大公益，充分展现法治精神和法律魅力。以学生为主力的"初心""韬奋"等宣讲团，坚持以己所学服务社会，在"进社区、进企业、进机关"宣讲中服务群众超万人。

2024 年 5 月，为巩固法治文化育人实践基础，延展法治文化育人辐射空间，沉淀法治文化育人长效机制，学校牵头成立上海高校法治文化育人联盟，集结沪上 18 家设有法学学科的高校和全国五家红色法治宣传教育基地，共同书写"大学文化与城市文明互利共生""法治文化教育与城市法治文明携手并进"的最美画卷，全力展现用法治文化、高校文化引领城市文明发展的实践魅力。

维护公平正义　建设法治社会

——松江连续举办十届"小城杯"公益之星创意诉讼大赛

华东政法大学　上海市律师协会　松江区司法局

　　公正、法治是社会主义核心价值观的题中之义，为深入学习贯彻习近平法治思想和习近平文化思想，把社会主义核心价值观融入法治建设、融入社会发展、融入日常生活，华东政法大学、上海市律师协会、松江区司法局等单位在上海市司法局指导下，联合举办十届"小城杯"公益之星创意诉讼大赛（以下简称"小城杯"）。作为一项长期性公益法律活动，"小城杯"围绕人民群众法治需求，聚焦全国大学生群体，以私益诉讼的方式维护公众利益，被国家司法部网站纳入学习宣传贯彻习近平法治思想、大力弘扬社会主义核心价值观基层实践专栏。

2020年10月，第六届"小城杯"公益之星创意诉讼大赛决赛现场

一、聚焦人民群众需求，以"大比赛"服务"大民生"，提升人民群众法治获得感

第七届"小城杯"公益之星创意诉讼大赛决赛暨
第八届"小城杯"公益之星创意诉讼大赛启动仪式

"小城杯"聚焦人民群众关心的法治问题，将真实的诉讼引入比赛，通过个案，以公益为驱动，以诉讼为手段，以比赛为平台，激发了全国各地法学学子法律人格的培养与塑造，历届大赛中涌现出一批优秀法学生代表，形成了一批关切社会民生的优秀案例。如华政学子诉上海国拍行拍牌手续费案（推动上海国际商品拍卖有限公司将保证金收取标准从 2000 元调整为 1000 元，手续费由每次 100 元调整为 60 元）、诉上海交通卡股份有限公司返还交通卡押金案、诉上海迪士尼关于禁带食品的格式条款案（该案例引发全国关注，仅新闻评论就达几十万条，迪士尼最终作出改变，允许游客携带食物入园）等。这些案件通过私益诉讼的方式维护公众利益，促进了不合理问题的解决，以个案驱动公民权利的保护，在司法实践中培育和践行社会主义核心价值观。

二、聚焦大学生队伍，以"小切口"推动"大进步"，打造上海法治文化品牌

"小城杯"从创意诉讼大赛这个小切口，加强法治文化建设，创新法学教育理念，引导大学生参与法律实践，促进律师参与公益法律服务。"小城坏"自 2012 年举办第一届比赛以来，目前已历经十届，吸引了全国 80 所高校、1033 支队伍参赛。经过持续不断的推进，"小城杯"逐渐成为打造公益保护社会治理共同体的重要平台，参赛选手通过参加"小城杯"实际参与诉讼活动，律师

与法学专家、检察官各自赋能"小城杯"平台，将"纸面的法"变成"生活的法"。一届又一届大赛的成功举办吸引越来越多的法律人践行法治、维护公益、促进社会公平正义，以实际行动深入践行社会主义核心价值观。人民网、《新华每日电讯》、《法治日报》等媒体对大赛作了深度报道，赛事影响力从上海松江扩展到全国。大赛入选首批上海市社会主义法治文化品牌活动，被评为全国第二届律所公益（社会责任）品牌典型案例。

2022 年 2 月 9 日，《法治日报》头版报道小城杯"折射出全社会法治建设大发展"

打通劳动关系保障"最后一公里"
维护社会公平与正义

上海市劳动人事争议仲裁院

为全面推进社会主义核心价值观融入法治建设，坚持和发展新时代"枫桥经验"，上海市劳动人事争议仲裁院（以下简称"市仲裁院"）始终以群众法治需求作为出发点和落脚点，跨前一步、主动作为，力争最大限度把矛盾风险防范化解在基层，打通劳动关系保障的"最后一公里"，有力维护社会稳定与公平正义，推动社会主义核心价值观内化于心、外化于行。

一、心怀国之大者，为建设富强和谐国家增添创新引力

市仲裁院仲裁员首次在临港巡回庭开庭审理

市仲裁院牢记党中央赋予上海"五个中心"重要使命，深入贯彻落实党中央和国务院关于支持浦东新区高水平改革开放的要求，结合浦东新区地域广、外商投资企业多的特点，在临港新片区成立首个仲裁巡回庭，全力保障临港新片区开展"人员从业自由"制度创新。根据自身涉外仲裁管辖工作特点，在陆家嘴金融城和虹桥国际中央商务区成立派出庭，助力法治营商环境综合示范区建设。在大数据时代，依托"数字人社"平台、人工智能等技术，积极推进智慧仲裁庭建设，实现高效率、低成本、零距离化解劳动纠纷，为服务经济发展和社会和谐稳定、建设社会主义现代化强国贡献仲裁力量。

市仲裁院采用智慧庭在线开庭

二、办好民之小案，为社会高质量发展提供法治保障

一件件"小案"的背后是民生，是万千家庭的真实写照，是体现公平正义的具象投射，是维护社会稳定的重要支柱。市仲裁院始终站稳人民立场，坚持"小案不小办"，牢牢把握"公正"这一基本准则，加强裁审衔接，提升裁决书公信力，及时为群众释法明理；主动延伸仲裁职能，从案件本身倒推社会矛盾，针对高发案件及时制发仲裁建议书，向类型化纠纷精准发力；以推进平等协商，实现互利共赢为切口，探索与市外商投资协会联动合作，设立上海市外商投资企业劳动争议调解中心，推动源头预防化解纠纷。市仲裁院时刻树好"风向标"，立足弘扬社会主义核心价值观，以调解仲裁引领良好社会风尚，垒砌法治中国的巍峨长城。

三、促进劳动诚信，为加强社会文化建设贡献力量

伴随互联网新业态发展，劳动关系中的诚信问题如套路应聘、材料作假等备受关注。市仲裁院坚持做爱国诚信、敬业友善的践行者，针对失信失德行为，将涉及求职诈骗、私刻公章、提供虚假材料、违规办理外国人就业证等违法线索及时移送公安机关、外国人就业管理部门处置；加快建设高质量专业化

市仲裁院举办"走进仲裁　护航法治"政府开放日活动

人才队伍，综合运用师徒传帮带、党员先锋岗、常谈心谈话等形式，厚植爱国敬业情怀；积极开展千名青年仲裁员志愿者联系万家企业实事项目，举办暑期青少年法律体验营、企业园区公益服务和政府开放日等活动，向人民群众传递向上向善正能量。

听民意 查实情 寻实策
办准办好"环卫公厕适老化适幼化改造"为民实事

上海市市容环境质量监测中心

公共厕所适老化适幼化水平，很大程度上体现了城市温度，关注老人、儿童如厕质量，为他们提供更加方便、舒适、安全的使用环境，成为当下实实在在的"大民生"。为进一步贯彻落实"人民城市"重要理念，上海市市容环境质量监测中心坚持以社会主义核心价值观赋能行业高质量发展，推动"环卫公厕适老化适幼化改造"工作做深做实。

一、积极推进标准制定

改造后的肇嘉浜路天平路公厕外景

2023 年，市委、市政府将"环卫公厕适老化适幼化改造"列为年度民生实事项目。中心成立工作小组，在深入养老院、居家适老化改造卫生间等地走访调研的基础上，出台环卫公厕适老化适幼化改造标准，对环卫公厕适

老化适幼化改造 4 大类（通行安全、助力行走、自主如厕、服务优化）30 项内容进行规范要求。同时，为方便市民群众识别，工作小组还规范、制作全市统一的适老化适幼化公厕标志。2023 年，全年超额完成 227 座公厕改造，各区均打造一处改造样板

适老化适幼化公厕标志张贴

间，取得良好成效。2024年，项目在原有基础上，进一步优化调整改造标准，实行分级分类改造，以更好地因地制宜、因势利导，满足市民的多样化如厕需求。

二、扎实开展实地调研

为选择最佳点位作为各区适老化适幼化改造样板间公厕，项目工作小组对全市各区样板公厕选址、改造情况进行现场踏勘，并与各区管理部门、公厕养护企业、公共厕所协会及公厕设施设备研发生产企业开展座谈交流，对各区适老化适幼化改造推进情

配置适老化适幼化设施的第三卫生间

改造后的宛平南路公厕内景

况、样板公厕选址、公厕内部布局、设施设备配置及标识标牌等内容进行指导协调。并按照"完成一座验收一座"的要求，就项目推进进度进行检查、督促，对竣工验收情况进行核实、评估。先后开展调研40余次，梳理主要问题4项，提出任务举措4个，形成调研报告1份。

三、注重倾听市民建议

在项目推进过程中，工作小组还注重组织开展市民现场会，广泛听取市民群众对于实事项目的意见建议，以期扩大影响，全面推进本市公厕服务能级再提升。同时充分考虑公厕的地理位置、周边环境等因素，科学合理规划，确保改造后的公厕能够满足不同群体需求。如：推动浦东新区、杨浦区、徐汇区先

召开公厕适老化适幼化改造民主征询意见座谈会

后召开多场公厕适老化适幼化改造民主征询意见座谈会，共同就公厕改造点位选择及硬件设计细节、长效化管理等方面进行深入交流。同时，围绕老人、儿童及其他特殊人群的如厕困难，指导各区结合公厕区域实际，努力提升公厕人性化、精细化、智能化服务水平。

　　小公厕大民生，推进环卫公厕适老化适幼化改造作为一项重要的民生工程，中心将进一步贯彻社会主义核心价值观，持续践行人民城市重要理念，在科学化、精细化、智能化上下功夫，用心、用情解决好群众的急难愁盼问题，不断满足人民对美好生活的向往。

"宝兴十法"引领旧改征收加速推进

上海黄浦城市发展（集团）有限公司

上海市黄浦第四房屋征收服务事务所有限公司承担的首个"两旧一村"——蓬莱路北侧地块旧城区改建房屋征收项目，不仅是城市更新的重要实践，更是社会主义核心价值观的生动体现。该项目充分发挥宝兴里旧改群众工作"十法"的带动效应，积极探索新时代旧改群众工作的新思路。

一、坚持以人为本，用情化解民忧

蓬莱路北侧项目组始终厚植"为民情怀"，将"为民初心"践行在每个细节之中，勇于"为民担当"，努力"为民造福"。作为政策方案的宣讲员，他们耐心细致地向居民解释相关政策，消除疑虑和误解；作为民情民意调查员，他们深入了解居民的需求和诉求，确保旧改工作真正符合民心民意；作为矛盾纠纷的调解员，他们积极化解各种矛盾，维护社区的和谐稳定；作为帮困解难的服务员，他们主动关心困难家庭，提供力所能及的帮助。在助推旧改签约、搬迁、结算放款过程中，项目组主动靠前一步工作，与居民建立互信关系，切实提升居民群众的满意度，让旧改工作成为民心工程。

蓬莱路北侧项目法律政策咨询

二、坚持整体推进，破解征收障碍

蓬莱路北侧地块项目征收的居民权证户共计 1914 证。征收四所领导班子带领项目组全体员工迎难而上，全力确保蓬莱路北侧地块项目的生效和推进。2022 年 11 月 10 日，黄浦区蓬莱路北侧地块房屋征收一轮意愿征询以 98.78%

征收工作人员与居民签约

的高比例同意率顺利通过。2023 年 5 月 6 日，黄浦区蓬莱路北侧地块二轮签约酝酿期首日，签约率已达 98.8%。截至 2024 年 5 月底，完成签约 1910 证，签约占比 99.79%，完成搬迁 1874 证，搬迁占比 97.91%。

三、坚守责任担当，征收卓有成效

为了进一步强化社会责任感，蓬莱路北侧项目组积极践行社会主义核心价值观，将"为民情怀"融入日常运营中。经办人在做好项目本职工作的同时积极参加志愿者活动，如交通指引、道路保洁等，为社会提供民生服务，传递关怀与爱心。通过各类平台推广市民修身活动，为社会注入正能量，传播社会主义核心价值观，出色的表现使黄浦区蓬莱路北侧地块旧城区改建项目荣获 2023 年度上海市"工匠团队"的荣誉称号。这不仅体现了项目组每个人在工作中的卓越能力和执行力，更彰显了他们"为民造福"的价值追求和社会责任。

一线征收工作人员志愿岗亭值守

四、坚持理念引领，改善民生福祉

黄浦区蓬莱路北侧地块旧城区改建房屋征收项目的顺利推进，得益于征收四所始终秉持"为民情怀""为民初心""为民担当""为民造福"的理念，将居民群众的利益放在首位，主动承担社会责任。蓬莱路北侧地块在项目实施中所取得的成果，是对城市建设的有力推动，更是对上海文化品牌建设的积极贡献。这些成果不仅展现上海的城市形象，更传承其丰富的文化价值，为社会主义核心价值观在上海的深入践行提供了生动的实例，也为这座城市的未来发展增添了更加深厚的内涵。

图书在版编目(CIP)数据

　我身边的核心价值观 ：上海市培育和践行社会主义
核心价值观典型案例集 / 中共上海市委宣传部, 上海市
精神文明建设办公室编. -- 上海 ：上海人民出版社,
2024. -- ISBN 978-7-208-19028-3
　　Ⅰ. D616
　中国国家版本馆 CIP 数据核字第 2024MB5718 号

责任编辑　罗　俊
封面设计　汪　昊

我身边的核心价值观
——上海市培育和践行社会主义核心价值观典型案例集
中 共 上 海 市 委 宣 传 部　编
上海市精神文明建设办公室

出　　版　上海人民出版社
　　　　　（201101　上海市闵行区号景路 159 弄 C 座）
发　　行　上海人民出版社发行中心
印　　刷　上海中华印刷有限公司
开　　本　787×1092　1/16
印　　张　20
字　　数　295,000
版　　次　2024 年 8 月第 1 版
印　　次　2024 年 8 月第 1 次印刷
ISBN 978 - 7 - 208 - 19028 - 3/D·4362
定　　价　128.00 元